그
녀
의 일
생

국경을 넘어서 여러 나라에서 논의되는
'위안부' 문제의 현재를 다루다.

그녀의 일생

한국사 박사 김지민 지음

SOULHOUSE

왜 지금 다시 '위안부' 문제를 이야기해야 하는가?

2020년 말 어느 국제 학술지에 실린 논문이 큰 논란을 일으켰다. 미국 하버드 대학 로스쿨의 마크 램지어 교수는 《국제법경제학리뷰》라는 학술 저널에 게재한 〈태평양전쟁 중 성계약〉이라는 논문에서 제2차 세계대전 중 아시아태평양 지역의 일본군 '위안부'[1] 제도에 대한 역사적 사실을 부정하고 여성들이 자발적 계약을 맺고 매춘부로 전쟁터로 갔다는 주장을 폈다.

이 논문이 공개되자마자 일본과 한국은 물론 미국과 여러 나라에서 즉각적인 비판이 나왔다. 여러 학자들의 비판적 검증의 결과 해당 논문의 지면 출판은 연기되었고 저널 편집부는 여러 지적에 대한 결론이 나면 최종적인 조치를 결정하겠다고 발표했다. 이 사건은 태평양전쟁 중에 일어났고 문제제기가 된지도 30년이 지난 '위안부' 문제가 아직도 논쟁의 대상이며, 국제적인 주목을 받고 있는 현실을 잘 보여주는 사례이다.

---

1 일본군 '위안부'에 관련된 여러 용어가 있는데, 1장 앞부분에 소개하고자 한다. 이 책에서는 일본군 '위안부' 혹은 '위안부'라는 용어를 사용하도록 하겠다.

근 30년간 계속되어 온 '위안부' 운동은 지금 한 전환점을 지나고 있다. '위안부' 피해자들이 처음 공개적으로 자신들의 이야기를 하기 시작한 이래 이 문제는 한일 간의 과거사 정리의 문제로서만이 아니라 국제적인 인권 문제, 전시 성폭력의 가장 대표적인 사례로 받아들여져 왔다. 피해 할머니들과 관련 단체들이 계속해서 일본 정부에게 공식 사과와 배상을 요구해 왔지만 거기에 대한 뚜렷한 답은 아직도 없고 일본 정부는 오히려 역사를 부정하려는 움직임을 보이고 있다. 그러나 이제까지 '위안부' 운동이 국제적인 공감과 연대를 통한 지지를 획득해 왔기에 램지어의 논문으로 인한 논쟁이 일어났을 때 역사 부정론에 대한 강한 비판과 후속 조치가 이어질 수 있었던 것이다. 이 사건이 보여주듯이 '위안부' 문제는 단순히 오래된 과거의 문제, 한국과 일본 간의 국가주의적인 외교 갈등의 문제가 아니라 국경을 넘어서고 시대를 초월하는 인권의 문제이자 현재 우리가 직면해야 하는 문제라고 할 수 있다.

'위안부'에 대해 이야기한다고 하면 혹자는 왜 한참 지난 문제를 아직도 이야기해야 하느냐고 묻기도 한다. 이미 오랫동안 문제 제기가 되어왔고 논쟁과 운동도 있었으니 이제 지나보낼 때도 되지 않았냐, 우리 역사와 현재 사회에는 '위안부' 말고도 사건도 많고 해결해야 할 문제도 많지 않냐는 것이다.

그렇다면 그들이 말하는 것처럼 과연 '위안부' 문제는 충분히 논의되고 해결되었는가? '위안부' 문제가 1990년대부터 활발히 제기되고 우리 사회 안에서, 그리고 국제사회에서 오랫동안 논의되어 온 것은 사실이지만, 그 문제가 해결되었는지 여부는 또 다른 이야기이다. 무엇보다도 피해 당사자들이 이 문제가, 그들이 수십 년간 요구해 온 것들이 하나도 해결되지 않았다고 말한다. 피해자들이 외쳐온 정의와 명예 회복이 이루어지지 않았다면 '오랫동안 들어왔으니 이제 그만 외치라'고 말할 수 있는 권리가 우리에게 있을까를 질문하게 된다. 오히려 이 문제가 오랫동안 해결되지 않았기 때문에 그 답을 찾아가는 데 있어서 새로운 방향을 모색할 시점이 된 것은 아닐까? 이런 의미에서 '위안부' 문제는 과거의 문제가 아니라 지금의 문제이기도 하다.

'위안부' 문제가 계속해서 논의되어야 할 또 하나의 당위성은 '위안부' 문제가 일제강점기와 아시아에서의 전쟁 중에 특정 여성들에게 일어난 전쟁범죄에 그치지 않는다는 점에 있다. '위안부' 운동이 세계적인 관심과 지지를 받을 수 있었던 것은, 이 문제가 시간과 공간을 뛰어넘어 여러 곳과 시대에 일어났던, 전쟁 중 벌어진 여성에 대한 성폭력과 인신매매 중 가장 극단적이고 제도화되어 나타난 사례였기 때문이다.

유럽과 미국의 흑인 노예 무역은 현대 우리 사회에 더 이상 일어나지 않는다. 유대인을 수용하고 학살한 홀로코스트 역시 히틀러 사망 후 나치가 몰락하고 전쟁이 끝나면서 종결되었다. 이 사건들이 지나간 과거이기 때문에 논의되지 않고 학교에서 가르치지도 말아야 한다는 논리가 받아들여질 수 있을까? 역사를 기억하지 못한다면 우리는 그 역사의 교훈 또한 배우지 못할 것이다. 잔악하고 반인륜적인 범죄일수록 거기에서 인류가 얻을 수 있는 교훈을 찾고 기억하는 것은 인류 사회의 발전에 있어서 현재의 세대에게 주어진 중요한 과제 중 하나이다. '위안부' 문제를 계속해서 기억하고 이야기해야 할 중요성은 여기에 있다.

필자는 국외에 있기 때문에 객관적인 사실들에 더 주목하고 이 문제의 국제성이 무엇인지를 고민해 왔다. 이런 관점을 살리고자 필자가 학생들에게 '위안부' 문제를 가르칠 때의 순서에 따라서 이 책을 구성해보았다. 강의실에서 '위안부' 문제에 대해서 들어본 적은 있지만 자세히 모르거나 사전지식이 하나도 없던 학생들을 가르칠 때처럼, 독자와 함께 크고 작은 여러 질문에 대한 답을 함께 찾아간다는 마음으로 각 장의 내용을 서술하고자 한다.

이 책은 책의 제목과 같은 '그녀의 일생'이라는 한 여성의 이야기로 시작한다. 여러 증언을 바탕으로 한 사람이 어린 시절에서부터 노년이 되기까지의 일생을 이야기로 풀어 썼다. 이를 통해 독자들이 '위안부' 문제를 추상적인 논의가 아니라 직접 겪은 사람들의 이야기임을 느낄 수 있기를 바란다.

이 책의 본 내용은 크게 세 부분으로 나누어진다. 1~4장은 역사적 사실과 논쟁, 5장은 피해자의 이야기, 6~9장은 국경을 넘은 활동가들의 이야기를 중심으로 한다. 먼저 1장에서는 '위안부' 제도의 본질과 주요 논쟁점을 정리할 것이다. 2장에서는 '위안부' 제도가 없어지고 피해자들이 처음으로 증언의 자리에 서기 전까지 그 중간의 4~50년의 세월에 주목할 것이다. 3장에서는 1990년대에 시작된 '위안부' 운동의 역사를 훑어보고, 4장에서는 '위안부' 문제는 왜 아직도 해결되지 못했는지 일본 정부의 입장 변화와 동향을 살필 것이다. 5장에서는 피해자에서 인권운동가로 변화해 간 세 명의 생존자의 삶을 그들의 관점에서 소개하고자 한다. 6장에서는 '위안부' 문제가 국경을 넘어서 여러 나라에서 어떻게 문제화되고 운동으로 발전해 왔는지를 이야기할 것이다. 7장에서는 미국에서 진행되고 있는 '위안부' 운동에 주목하고, 8장에서는 이 문제를 왜, 그리고 어떻게 가르칠 것인가에 대한 고민에 대해 몇 가지 사례로 답해보고자 한다. 마지막으로 9장에서는 피해 생존자들이 고령으로 하나둘씩 세상을 떠나고 있는 현실에서 앞으로 '위안부' 역사를 어떻게 기억하고 재현할 수 있을지에 대해 고민해볼 것이다. 부록에는 미국 고등학생용으로 개발한 '위안부' 수업 교육안을 한글로 번역하고 설명을 덧붙여 실었다. 외국의 교실에서는 이 문제를 어떻게 다루는지 엿볼 수 있는 자료이다. 이 교육안의 내용은 지금 우리에게도 참고로 할 부분이 많기 때문에, 학교 수업이나 가정에서, 다양한 토론의 자리에서도 활용할 수 있을 것이라고 생각한다.

이러한 책의 구성에서 드러나듯이 이 책에서 필자는 이제까지 많이 논의되어 온 '위안부' 문제를 과거의 논쟁과 한일 관계, 식민지 시대 유산의 차원보다는 그 문제의 현재성과 국제성, 앞으로 나아갈 방향에 초점을 두고 이야기하고자 했다.

우리 사회에서 널리 알려져 있지만 이미 지나가 버린 문제로만 생각하기 쉬운 '위안부' 문제를 바라보는 다양한 시각, 새로운 관점을 제시하려는 것이다. 이런 점에서 이제까지 많이 알려진 국내 운동보다는 우리가 상대적으로 덜 익숙한 부분, 즉 국경을 넘어 '위안부' 문제에 접근하는 다양한 방식을 밝히는 데 초점을 두려고 했다. 그럼으로써 독자들이 '위안부' 문제의 본질을 이해하는 동시에 미래를 전망할 수 있도록 도움을 주고자 한다. 특히 필자가 미국에서 '위안부' 문제를 다루어온 역사학자로서의 경험을 바탕으로 '위안부' 운동의 다양한 면을 드러낼 수 있기를 바란다.

이 책에서 특히 조명하고 싶은 것은 논쟁이나 문제, 사건 자체보다도 그 중심에 있는 '위안부' 피해자, 그리고 그들과 뜻을 같이하는 활동가들의 개인적인 이야기이다. 역사란 결국 사람의 이야기이며, 그 '사람들'에 주목하는 것이 이 복잡하고도 여러 입장들이 얽혀있는 문제를 해결하는 출발점이 되어야 한다고 생각하기 때문이다.

이 책은 '위안부' 문제를 들어봤지만 정확하게 어떤 것이 쟁점이 되고 왜 중요한 문제인지를 알고 싶은 사람들, 이 문제를 다음 세대에게 가르치고자 하는 교육자 혹은 부모, 이 문제 해결을 위한 새로운 시각을 찾는 모든 사람들에게 유용할 것이라고 생각한다.

이 책에 다양한 이야기를 담는 데 도움을 주신 후쿠다 미치코, 나오코 오키모토와 The Mothers' Storybook Project 팀, 사와다 마사노부, 샤론 카부사오-실바(Sharon Cabusao-Silva)와 릴라 필리피나(Lila Pilipina) 센터, 정의기억연대 전쟁과여성인권박물관, 일본 WAM(액티브 뮤지엄 '여성들의 전쟁과 평화 자료관'), 나눔의 집, CARE, KACE, 리차드 제이콥 누니스-다이(Richard Jacob Nuñez-Dy), 김현정, 김아람, 스티븐 카발로(Steven Cavallo), 장미현, 신성희, 비벌리 리 비스랜드(Beverly (Lee) Milner Bisland), 김동석, 김성조 님, 딱딱한 글을 부드러운 책으로 완성할 수 있도록 애써주신 소울 하우스에 감사드린다. 그리고 이 책을 완성하는 동안 묵묵히 응원하고 기도해 준 가족들에게 깊은 사랑과 감사의 마음을 전한다.

미국 캘리포니아에서
한국사 박사 김지민

차례

9장   증인이 더 이상 남아있지 않은 시대

그녀의 일생

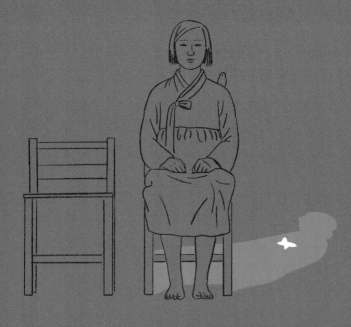

'위안부' 문제는 정치나 외교적 논쟁, 갈등의 주제이기 이전에 어린 소녀와 여성들이 직접 겪은 피해이다. 그들은 어린 나이에 자신의 의사와 상관없이 끔찍한 피해를 당했고 오랜 세월 동안 그 상처를 지니고 살아야 했다.

그것이 내 할머니, 가족, 아니 내 이야기였다면 어땠을까? 피해자의 관점에서 들려주는 그녀의 일생 이야기에 귀 기울여보자.

그녀의 일생

여러 생존자 증언을 참고하여 허구의 한 '위안부' 여성의 일생을 시기별로 구성했다.
증언에서 따온 부분은 괄호 안에 증언자의 이름을 표기했으며,
시기별로 그녀가 겪은 일과 함께 당시의 역사적 배경을 삽입했다.

1926년 어느 날, 나는 식민지 조선 남쪽의 한 작은 마을에서 태어났다

우리 집은 가난하지만 화목한 가족이었다. 엄마, 아빠, 그리고 칠 남매가 복작거리며 살았다. 아버지는 일본 사람이 하는 정미소에서 일하셨고, 나는 둘째 딸이었다. 첫째인 언니는 일찍 시집을 갔다. 동네에 도는 소문에 결혼 안 한 처녀들을 데려간다 해서 부모님은 언니를 열여섯 살 어린 나이에 결혼을 시켰다. (김화선)

조선이 일제의 식민지가 된 지 15년이 지났을 때이다. 6년 전인 1919년 3.1 운동이 일어나서 온 나라 사람들이 독립을 외쳤지만 일본 헌병들이 사람들을 무력으로 제압했다. 만세운동은 잦아들었지만, 그 여파로 총독부는 정책을 수정해서 1910년대에 헌병경찰로 강경한 탄압정책을 펴던 무단통치에서, 1920년대부터 소위 문화통치를 시작했다. 주로 군인들이 식민지 조선을 다스렸던 예전과는 달리 문관이 총독으로 부임할 수 있게 되었고, 일제는 조선인들의 불만을 누그러뜨리기 위해 적어도 표면상으로는 완화된 정책을 폈다.

그러나 이면에는 유화정책으로 친일파들을 늘리고 민족분열을 통해 더 효율적인 식민통치를 하려는 계획이 있었다.

1940년 고향

일본 사람들의 명령으로 우리 가족도 이름을 일본식으로 바꾸어야 했다. 일본식 이름이 없으면 나라에서 나오는 배급을 받을 수 없었다. 부모님은 언니처럼 나도 일찍 시집보내야 한다고 했는데 어영부영하다가 나는 십대 소녀가 되었다. 가족은 열심히 일했고 어린 나와 형제들도 가마니 짜는 일을 돕곤 했다. 그런데 가마니를 짜고 농사를 지으면 일본에 공출을 대야했다. 일본 사람들이 전쟁 중에 총알이 부족하다고 집집마다 숨겨놓은 놋그릇을 다 가져갔다.

일제는 식민지인 조선과 대만을 발판으로 동아시아에서 세력을 넓혀갔다. 1930년대에 들어서는 중국에 영향력을 행사하고 만주와 몽골에 괴뢰정부를 세우는 등으로 침략주의, 군국주의적인 제국주의의 모습을 갖추어 갔다. 서양에 대한 콤플렉스에서 일제는 군국주의적인 행보를 보였고, 식민통치와 침략전쟁으로 아시아를 서양 세력으로부터 지킨다는 망상을 내세워서 통치 정책과 선전을 이어갔다. 명목은 일본의 지휘하에 아시아인들을 위한 체제를 만든다는 것이었지만, 실제로 식민지인들은 이등 국민으로 차별을 받았고 식민지와 점령지들은 일본을 위한 경제, 지리적인 도구로 이용되었을 뿐이었다.

1931년 일본은 만주를 침략하여 중국 본토 침략의 발판을 마련하고자 했다. 만주 침략, 소위 만주사변에 대한 국제사회의 비난이 이어지자 1933년 일본은 제1차 세계대전 이후 열강이 세계의 협력과 평화를 위해 만든 국제연맹에서 탈퇴하였다. 1937년 일본은 중국을 침략하여(중일전쟁의 발발) 군사적 침략을 통한 영토와 세력 확장을 본격화했다. 이런 일제의 군국주의, 팽창주의적 움직임에 미국과 영국은 일본의 자원 공급로를 막는데, 이에 대응해 일본은 동남아시아 국가들을 무력 점령하여 자원을 탈취하고자 했다. 더욱이 일본군은 가는 곳마다 전쟁범죄를 자행했다. 1937년 소위 난징대학살이 대표적인 예로, 12월 중국의 난징을 점령한 일본군이 약 6주에 걸쳐 군인과 민간인을 학살, 고문, 강간한 사건이다. 이어서 1941년 12월 일본은 미국의 영토인 하와이의 진주만을 기습 공격했고, 이에 미국은 일본과의 전쟁을 선언했다. 제2차 세계대전의 아시아 전선인 아시아태평양전쟁의 시작이었다.

1942년 고향집

어느 날 집에서 가마니를 짜고 있는데 어떤 일본 남자 한 명과 조선 남자 한 명이 와서 따라오라고 했다. 따라가 보니 경찰서 옆에 사무실 같은 곳이 있었는데 거기 앉으라고 했다. 그들이 설명하기를 자기들을 따라오면 외국에 갈 수 있다고 했다. 일본 군인들 옷 만드는 곳에서 미싱 기술을 배우고 일하면 가마니 짜는 것보다 훨씬 돈을 많이 벌 수 있다는 이야기였다. 거기에서 번 돈을 집에 부칠 수도 있냐고 물었더니, 다달이 받은 월급을 집으로 부칠 수 있다고 했다. 기술도 배우고 돈도 벌 수 있다는 말에 나는 생각해 보겠다고 했다. 집에 와 있는데, 아까 그 조선 사람이 다시 오더니 이번에는 일하러 갈 거냐고 물어보는 게 아니라 사람이 모자라니까 '가야 한다'고 말했다. 전쟁터에서 여자들이 그런 일이라도 도와야 한다며 거의 명령조로 윽박을 질렀다. 그때는 일본을 위해서 하라고 하면 조선 사람들은 그대로 따라야만 했다. 어린 나는 아무 것도 몰랐고 하라는 대로 가야만 하는 줄 알았다. 그렇게 해서 돈 벌어서 가족을 도울 수 있다는 생각에 군인들 옷 만드는 일을 하러 떠났다. 그때가 내 나이 만 열여섯 살이었다.

중국 본토와 동남아시아 및 태평양 지역에서 일본군의 침략과 그게 맞서는 연합군 간의 전쟁이 계속되었다. 1차 상하이사변을 계기로 최초의 '위안소'가 1932년 상하이에 설치된 이래 일본군이 침략, 점령한 곳마다 '위안소'가 설치되었으며, 이제까지 그 존재가 확인된 장소들은 13여 개국에 걸쳐 있다. 초반에는 일본의 성매매 직업여성들 중에서 지원자를 받아서 보냈으나, 전쟁이 확장되면서 요구가 늘어남에 따라 식민지와 점령지의 여성들을 모집하고 강제적으로 동원하기 시작했다. 가장 큰 비중을 차지한 것은 일본의 주요 식민지였던 조선 여성들이었고, 그 외에도 10개국 이상의 나라에서 여성들이 동원되었다.

1942년 대만

나는 일하고 돈을 벌 수 있다는 말에 그 사람들을 따라나섰다. 나와 같이 따라온 여자아이들은 트럭을 타고 우리 동네에서 부산까지 갔다. 태어나서 마을 밖을 나가본 적이 없는 나는 부산에 가서 눈이 휘둥그레졌다. 새로운 곳에 간다는 설레던 마음도 잠시, 가족도 보고 싶고 모르는 곳에 갈 생각에 겁이 덜컥 났다. 우리를 데려간 남자에게 마음이 바뀌었으니 집에 보내달라고 말해봤지만 들은 체도 하지 않았다. 같이 간 친구 한 명은 빨래터에서 빨래를 하던 중에 일본 순사가 빨래 바구니를 걷어차면서 끌고 왔다고 했다. 부산에 같이 도착한 일행은 조선 여자 여섯 명이었는데 다들 내 또래나 나보다 한두 살 많은 언니들이었다. 거기에서 우리는 일본 이름을 받왔다. 부산의 여관에서 며칠을 자고 나서 부산항에서 배를 탔는데, 배에는 짐도 많이 실려 있고 징병된 군인들이 가득 타고 있었다. 며칠을 갔는지 모르게 한참을 갔다.

어딘가에 도착해서 내리라고 했는데 나중에 알고 보니 대만이라는 곳이었다. 거기에서 다시 작은 배를 타고 다른 마을로 갔다. 어떤 집에 도착해서 방을 하나씩 주었는데, 거기에서 일본 군인에게 강간을 당했다. 그때쯤 나는 완전히 속아서 왔다는 사실을 깨달았지만 때는 이미 늦은 뒤였다. 나는 거기가 어디인지도 몰랐고 마음대로 그 집에서 나갈 수도 없었다. 그 집이 바로 '위안소'라는 끔찍한 곳이었다.

방은 다다미 마루가 깔린 방이었다. 그곳의 생활은 음식을 받을 수 있고 맞지만 않으면 다행인, 그야말로 노예의 삶이었다. 조금만 잘못하거나 하라는 대로 하지 않으면 구둣발로 차고 때리니까 우리는 공포에 사로잡혀서 벌벌 떨면서 지냈다. 그곳에서 주는 밥이나 옷은 질이 형편없었지만 주는 대로 받을 수밖에 없었다. 첫날 군의관이 와서 새로 도착한 우리에게 자궁 검사를 했다. 그리고 다음날부터 군인들이 오기 시작했다. 나는 아직 나이가 어려서 군인들을 대하고 나면 아랫부분이 찢어지고 피가 많이 났다. 아침부터 저녁 늦게까지 군인들이 줄을 서서 기다리다가 15분, 20분 단위로 한 명씩 들어왔다. 밥 먹을 시간도 없었다. 어떤 군인들은 술에 취해 와서 내게 칼을 겨누기도 하고 폭력을 쓰기도 했다. 하라는 대로 하지 않으면 군인이든 '위안소' 주인이든 심하게 때렸다. 어느 군인이 떠밀어서 넘어지면서 정수리 부분을 부딪친 적이 있는데, 그때 다친 상처가 아직도 있다.(강일출) '위안소'는 이름처럼 위안을 주는 곳이 아니다. 우리에게는 도살장과 같은 끔찍한 곳이었다.(이옥선)

우리는 정기적으로 성병 검사를 받으러 나갈 때 외에는 밖에 나갈 수도 없었고 그 주변에 철조망이 둘러 있어서 몰래 탈출하는 것도 불가능했다. 만약 나갔다고 하더라도 거기 사람들과 말도 안 통하고 가진 것도 없이 어디인지도 모르는 곳이라 집으로 돌아갈 수 있을 것 같지 않았다. 그곳의 생활을 견디다 못해서 나는 어느 날 밤 틈을 봐서 겨우 도망 나올 수 있었다. 산에 숨어 있었지만 멀리 가기도 전에 금방 다시 잡혔다. 그리고 죽기보다 더한 그곳으로 돌아가야 했다. 돌아가서는 도망 나갔다는 이유로 여기저기를 많이 맞았다.(이옥선) 죽지 않은 게 다행이었다.

군인들은 올 때마다 표를 줬다. 그런데 그걸 돈으로 바꿀 수도, 부대 밖으로 나가서 돈으로 쓸 수도 없었다. 우리는 어차피 마음대로 나갈 수가 없는 신세였으니 말이다. 군인들을 받다가 여자들이 성병에 걸리기도 했는데, 그렇게 되면 손님을 못 받으니까 '위안소' 주인에게 또 두들겨 맞았다. 언젠가부터 성병을 예방한다고 606호라는 주사를 놔주었다. 나중에 알고 보니 아주 독한 약이었다. 그 약 때문에 아기를 갖지 못하게 된 여자들도 많았다. 매일매일이 악몽 같아서 물에 빠져 죽으려고 생각해봤지만 살아서 엄마 아빠를 한 번이라도 다시 보고 싶다는 생각에 차마 죽지도 못했다. 가족을 다시 만나려면 버텨야 한다고 마음을 먹었다.

1937년 난징대학살 이후 일본군의 성폭력, 강간이 큰 문제가 되고 현지인들의 반일 감정이 악화되자, 반일 감정을 막고 군인들의 성병을 방지하며 군인들에게 성적 '위안'을 제공하여 군의 사기를 높인다는 명목으로 일본군 당국은 '위안소'를 본격적으로 설치했고, 군의 관여 및 통제하에 여성들을 모집했다. '위안소'에 관련된 공식적인 문서들은 전쟁 중에 많이 소실되었고 대부분 일본군이 의도적으로 폐기했기 때문에 그 숫자나 통계 등을 모두 알 수는 없으나 남아있는 문서, 증거 및 증언으로 그 실체와 대략적인 규모를 확인할 수 있다. 여러 나라에서 동원된 여성들이 각지의 '위안소'로 동원되었기 때문에 현장의 상황과 조건, 여성들 개개인의 경험에 따라 '위안소' 생활은 매우 다양하게 나타난다. 그러나 다양한 환경 속에서도 공통점이 발견되는데, 여성들이 자기 의지와 상관없이 감금되었고 반복적으로 강간을 당했다는 것이다. 어떤 경우에는 하루에 몇십 명의 군인들을 상대해야 했다.

1945년 8월 대만

전쟁이 끝나고 나라가 해방되었지만 '위안소' 안에만 머물러 있는 우리에게는 아무도 그 소식을 알려주지 않았다. 일본 사람들이 풀이 죽어있는 것을 보고 이상하다고 생각하던 차에 '위안소'에 짐을 날라주던 대만 사람들이 일본이 패전했다고 알려주었다. 그때는 잘 몰라서 일본이 망하면 우리가 집에 돌아가지 못하는 게 아닌가 하는 걱정이 앞섰다. 누구도 어떻게 집에 돌아갈 수 있을지 알려주지 않아서 우리는 해방되고 나서도 그곳에 몇 달을 머물렀다. 한국으로 돌아가는 배도, 뱃삯도 없었기 때문이다. 현지에서 달걀 같은 것을 떼어와서 장사를 하면서 겨우 살아가던 어느 날, 배를 태워주겠다는 사람이 있어서 물어물어 배를 타고 부산으로 올 수가 있었다.

부산에서 기차를 타고 고향 근처에서 내리고, 거기에서 한참을 걸어서 꿈에 그리던 집에 도착했다. 엄마는 내 얼굴을 보자마자 귀신이 나타났다면서 기절했다. 가족들은 오래전에 내가 죽었을 거라고 여기고 있었던 것이다. 나중에 깨어난 엄마와 끌어안고 펑펑 울었다. 아빠는 몇 년 전에 돌아가셨다고 했다. 그렇게 그리워하던 집에 돌아왔지만 엄마한테조차 내가 어디

가서 무슨 일을 당했는지 말을 할 수가 없었다. 엄마 마음이 아플 것 같아서, 그리고 동네 사람들 보기에 너무나 창피하고 부끄럽다는 생각에….

1945년 8월 15일 일본은 항복을 선언하고 조선은 꿈에 그리던 해방을 맞이했다. 그러나 세계 열강들이 전후 세계질서 처리를 논의하는 과정에서 해방 한국은 둘로 나누어져 북쪽은 소련, 남쪽은 미국이 임시점령하게 되었다. 국내외 여러 단체들의 형성과 변화, 강대국들의 이익 다툼, 냉전의 시작 등 여러 대내외적인 변화가 겹치면서 그 중심에 있던 한반도에 결국 남과 북에 각각 다른 정권이 서게 되었다. 냉전질서가 시작되면서 아시아에서 공산주의 세력에 맞설 동맹이 필요했던 미국은 일본이 전후 복구와 경제회복을 이루는 것이 급박한 과제라고 간주하고 일왕과 대부분의 전범들을 사면해주었다. 그리고 머지않은 1950년에 발발한 한국전쟁(1950~1953)은 오히려 일본이 경제회복을 이루는 계기가 되었다.

나라가 해방되었지만 대부분의 '위안부' 생존자들은 곧바로 고향으로 돌아가기 힘든 환경에 있었다. '위안부'들은 전쟁터나 전선 부근에 있었으므로 전쟁에 나간 군인들과 같이 전쟁터의 위험에 그대로 노출되어 있었다. 전장에서 죽고, 일본군에 의해서 살해되고, 도망치는 과정에서 죽고, 풍토병을 앓다가 죽는 일이 허다했다. 그 결과 '위안부' 여성들의 90퍼센트는 살아서 집에 돌아오지 못한 것으로 추정된다. 가까스로 살아남은 경우에도 피해자들은 계속해서 2차 3차의 피해를 감내해야 했다. 집으로 돌아가는 길은 멀고도 험했다. 어디인지도 모르는 외국에서 돈이나 음식, 생계 수단이 없었기 때문이다. 최갑순 할머니의 경우 중국 동안성 '위안소'를 떠나 중간중간 삯일로 음식과 돈을 마련하고 걸어서 전남 구례의 집까지 돌아가는 데 총 4년이라는 긴

시간이 걸렸다. 남서태평양 지역에 있던 여성들은 전쟁이 끝나서도 돌아가지 못하다가 연합군 포로가 되어 태국과 인도에서 수용소 생활을 거쳐 가까스로 귀환하기도 했다. 일부 피해자는 해방 후에도 가족과 친지들의 얼굴을 마주할 자신이 없어서 동원되었던 곳에 남아 정착했다. 이옥선 할머니는 중국 지린성 '위안소'에 있다가 해방 후 중국에서 결혼하고 정착해서 살다가 74세가 된 2000년에야 귀국할 수 있었다. 한국에서 할머니의 이름은 이미 사망신고가 되어 있어서 일 년에 걸친 신청 절차 끝에 국적을 회복할 수 있었다.

1991년 서울

나는 이제 환갑을 넘은 나이가 되었다. 전쟁이 끝난 뒤 겨우 고향으로 돌아와서 숨어 지내다시피 살았다. 말은 하지 않았지만 마을 사람들이 내가 무슨 일을 하고 왔는지를 다 알고 수군대는 것 같았다. 결혼도 안 한 어린 여자가 그런 험한 일을 겪었다는 것이 알려지면 집안에 먹칠을 하는 일인 것 같았다. 그때는 그런 시대였으니까…. 게다가 한동안은 일본 사람들이 내가 있는 곳을 찾아내서 다시 끌고 가지 않을까 무서운 마음에 방에 숨어 지냈다. 전쟁터에 있을 때 군인들이 사람들을 아무렇지도 않게 죽이는 것을 너무 많이 봤던 탓일지도 모른다. 밤에 잠도 잘 자지 못하고 마음속에는 억울하다는 울분이 쌓였다. 왜 하필 나에게 그런 일이 일어났을까? 내가 다른 사람들에게 큰 잘못을 하고 산 것도 아닌데…. 그런데 내가 무슨 일을 당했는지 어디 호소할 곳도 없었다. 한편으로는 같이 끌려갔다가 같이 돌아오지 못하고 살았는지 죽었는지도 알 수 없는 친구에 대한 미안한 마음도 지울 수가 없었다.

고향에 돌아온 뒤 한 남자를 만나서 결혼하고 장사하며 힘들게 살았다.

그렇지만 남편에게도 가족에게도 내가 겪은 '위안소' 이야기는 하지 못했다. 나라에 전쟁이 터지고 그 와중에 남편은 먼저 세상을 떴다.

시간이 한참 지나고 어느 날 TV에서 어느 할머니가 울면서 이야기하는 장면을 보았다. 그 할머니가 하는 이야기가 예전에 내가 대만에 가서 겪은 일과 너무나 비슷했다. 어린 나이에 공장에서 일하는 줄 알고 따라갔는데 '위안소'에 가게 되었고, 거기에서 험한 일들을 당하고, 나중에 돌아왔지만 이제까지 그것을 숨기고 살아왔다는 이야기였다. 나는 내가 바로 그 '위안부'였다는 것을 그때서야 깨달았다. 그리고 나만이 아니라 많은 여자들이 그렇게 끌려가서 험한 일을 당했다는 것을 그때 처음 알게 되었다. 그때부터 '위안부'에 대한 뉴스가 나오면 관심 있게 보았다. 뉴스에서 '위안부' 피해자들이 서울의 일본 대사관 앞에서 수요일마다 시위를 한다고 했다. 어느 날 큰맘을 먹고 시위한다는 곳에 가보기로 했다. 시위나 소송, 이런 것은 잘 몰랐다. 그저 나와 같은 일을 겪은 사람들을 보고 싶었고, 이야기를 하고 싶었다. 내 이야기를 누군가에게 호소하고 싶다는 생각이 들었다.

수요집회를 보러 갔던 어느 날 거리에서 취재하던 방송국 기자가 내게 인터뷰를 하자고 했다. 그 순간 어디에서 용기가 났는지, 나도 저 할머니들처럼 피해를 입었다고, 억울하다고, 처음으로 다른 사람들 앞에서 내 이야기를 꺼냈다. 누군가에게 털어놓고 나니 마음이 후련했다. 그런데 그 인터뷰가 방송된 것을 본 첫째 아들에게서 연락이 왔다. 엄마가 그런 일을 겪었다고 대놓고 말하고 다니는 것이 남 보기에 부끄럽다고 했다. 당분간 연락하지 말라고 하더니 첫째 아들은 그날 이후로 연락을 끊었다.

하지만 다른 자식들은 엄마가 힘든 일을 겪은 것을 안타깝게 여겼다. 그때부터 나와 같은 피해자들을 만나서 이야기도 나누고 여러 사람을 만날 수 있었다. 여러 사람이 내 이야기를 들어주고 돕겠다고 했다. 얼굴만 알았던 이웃 사람들도 찾아와서 그동안 얼마나 힘들었느냐고 위로해주기도 했다. 나는 내게 일어났던 끔찍한 일들이 내 잘못이 아니라는 것, 그리고 정말 잘못을 저지른 사람들은 따로 있었다는 것을 확실히 알게 되었다. 그런데 내 잃어버린 젊은 시절은 누가 보상해줄까? 이제는 제대로 내게 잘못했다고, 다시는 그런 일이 없을 거라고 하는 사과를 받고 싶다는 마음이 들었다. 나라에 정식으로 '위안부' 피해자로 등록을 했다.

1945년 일제 지배로부터 해방이 된 이래 한국에는 여러 사건과 변화가 있었다. 먼저 1950~53년 벌어진 한국전쟁으로 나라가 초토화되었고 모든 기반 시설이 파괴된 상태에서 전후 복구에만 몇십 년이 걸렸다. 그 후 수십 년간 원조 경제를 거쳐 급격한 경제 성장, 냉전 질서 하에 남북 간의 체제 경쟁, 독재 정치와 이에 반대하는 민주화 운동 등 격변의 세월이 흘렀다. 1965년 한일국교 정상화의 바탕이 된 한일기본조약에서 '위안부' 문제는 거론조차 되지 않았고 이 문제는 사람들의 기억 속에 희미하게만 남게 되었다.

1980년대 한국 사회는 민주화를 거치면서 여성인권에 대한 의식이 생겨났다. 동시에 아직도 해결되지 못했던 일제강점기에 피해를 입었던 사람들의 이야기가 나오기 시작했다. 원폭 피해자, 일제 징용노동자, 사할린 잔류 한국인들의 문제와 함께 '위안부' 문제도 언급되기 시작했다. 그러던 중에 1991년 김학순 할머니가 최초로 '위안부' 경험을 공개 증언했다. 그 이후로 한국을 비롯한 여러 나라의 피해자들이 자신의 경험을 이야기하기 시작했다. 피해자들은 반세기 가까이 피해 사실을 말도 못 하고 지내다가 증언자의 자리로 나올 수 있었다. 비로소 피해자들의 이야기를 들을 준비가 된 사회 분위기를 배경으로, 피해자들은 오랜 죄책감으로부터 벗어나 스스로가 죄인이 아닌 피해자임을 깨닫고 증인으로 나서게 된 것이다. 생존자들은 언론에 나오는 김학순 할머니를 비롯한 여러 피해자의 증언을 듣고 이 일이 자신에게만 일어난 일이 아니었다는 것을 깨닫고 이제 나서서 이야기하면 들어줄 사람들이 있다는 생각에 증언을 결심했다고 한다.

2010년 미국 뉴욕

나는 미국의 어느 유명한 대학의 강단에 서서 내 이야기를 한다. 내 나이는 벌써 84세이다. 한국에서도 작은 시골 마을 출신에 배운 것도 없는 내가 다른 나라 교수님들과 학생들에게 강연을 하다니 생각만 해도 신기하다.

나는 20여 년 넘도록 내가 '위안소'에서 겪은 이야기를 세계 이곳저곳에서 전하고 있다. 처음에는 내가 그런 일을 겪은 것이 내가 못 배우고 무지해서라고 자책했는데, 이제는 그 사람들이 죄를 저지른 것이고 나는 피해자였다는 것을 알게 되면서 남들 앞에서 이야기하는 것이 조금 편해졌다. 사실은 아직도 힘들었던 때의 이야기를 하는 것이 어렵다. 그래서 사람들 앞에서 증언을 한 날 밤에는 항상 잠을 설친다.

우리 피해자들과 우리를 돕는 단체들이 일본 정부에게 공식적인 사과와 배상을 요구하고 소송을 걸었지만 졌다. 우리는 정말 큰 피해를 입은 사람들인데 소송에서 지다니 믿을 수가 없었다. 일본은 계속해서 마땅한 답을 내놓지 않고, 어떤 사람들은 우리가 자발적으로 일하러 간 것이라고 한다. 열몇 살 어린 소녀였던 내가 그런 일을 하러 스스로 떠났다고? 말도 안되는 이야기이다. 일본과 한국 정부가 벌써 옛날에 이 문제를 다 해결했고 이 문제를 다시는 문제삼지 않기로 결정했다고 말하는 사람도 있다. 정작 그 끔찍한 일들을 당한 내가 아무 사과도 받지 못했는데 뭐가 해결됐다는 것인가?

그런 말도 안 되는 이야기를 하는 사람들도 내가 겪은 진짜 이야기를 들으면 마음이 바뀔 거라고 생각한다. 일본, 미국, 유럽 등 여러 곳에서 나와 다른 할머니들을 초대해서 이야기를 들려달라고 한다. 미국에서도 여러 사람이 관심을 가지고 여러 곳에 기림비를 세워줬다. 몇 년 전에는 미국 의회에서 '위안부' 결의안을 통과시켜서 우리를 도와주겠다고 했다.

나는 내 문제라서 이 활동을 시작했지만 전쟁이 나는 곳에서는 항상 죄 없고 힘없는 여자들이 끌려가서 고통을 당한다는 것을 알게 되었다. 옛날에 우리가 당한 것처럼 지금도 외국 어딘가에서는 전쟁 때문에 피해 입는 사람들이 있다는 것을 알게 되었다. 특히 힘없는 여자들이 피해자가 될 때가 많다.

우리 문제가 알려지고 해결되지 않으면 그런 일은 또다시 일어날 것 같다. 그래서 나이 들어서 몸이 힘들지만 건강이 허락하는 한 되도록 여러 사람에게 내 이야기를 하려고 한다. 다시는 그런 끔찍한 일이 어느 누구에게도 일어나지 않으면 좋겠다. 내 이야기를 듣는 미국 학생들의 눈이 반짝반짝 빛난다. 어느 학생은 자기 일처럼 가슴 아파하며 눈물을 흘리기도 한다. 이야기가 끝나고 학생들이 질문도 많이 한다. 강연회가 끝나고 따로 와서 돕겠다고 하는 학생들도 있고, 이야기하러 와줘서 고맙다고 말해주기도 한다. 말이 통하지는 않지만 그들의 마음이 느껴지고 큰 힘이 된다.

'위안부' 피해자들은 일본 정부를 대상으로 소송을 제기했지만 기각되었다. 가장 큰 근거는 1965년 한일기본조약에 포함된 청구권협정으로 우리 국민의 재산, 이익, 권리에 대한 청구권이 모두 해결되었다는 것이었다. 그러나 협정에서 개인 피해에 대한 보상 문제는 언급이 없었고 협정 당시는 '위안부' 문제가 제기되기 전이므로 이로서 '위안부' 문제가 모두 해결되었다고 보기에는 무리가 있다는 것이 대부분 전문가들의 의견이다.

할머니들의 용기 있는 증언으로 국제사회는 전시 여성에 대한 성폭력에 대한 의식을 높이고 반인륜적인 범죄를 방지하기 위한 여러 장치를 마련하게 되었다. '위안부' 운동은 전시 여성 인권 문제로 확장되었고 2000년 도쿄에서 개최된 일본군 성노예 전범 여성국제법정으로 성과를 맺었다. 2007년 미국 연방하원의 '위안부' 결의안을 비롯해서 여러 나라 의회에서 일본 정부가 책임을 인정하고 공식 사과와 배상, 역사 교육을 할 것을 촉구하는 결의안이 통과되었다. 그러나 최근 이십여 년 동안 우경화된 일본 정부는 제2차 세계대전 중 일본의 전쟁범죄를 은폐하고 왜곡하기 위한 '역사전쟁'을 선포하고 특히 해외에서 '위안부' 역사를 지우기 위해 애쓰고 있다.

피해자들은 자신들의 문제 해결뿐 아니라 지금도 계속되고 있는 전시 성폭력, 여성과 아동에 대한 인신매매를 근절하기 위해 고령의 나이에도 열정적으로 활동하고 있다. 필리핀, 대만, 중국, 동티모르 등의 여러 나라 피해자들과 연대하고 전 세계에 '위안부' 피해에 대해 알리며 지지를 호소한다. 유대인 홀로코스트 피해자들과 고통을 나누며 연대하고 여러 나라의 성폭력 피해자들을 지지하고 돕겠다는 뜻을 밝히기도 했다. 이들은 과거의 피해자로서뿐 아니라 국제적인 인권운동가로서 새로운 정체성을 가지고 활동하고 있다.

이제 그들의 이야기를 들어보려고 한다.

연표

1910	조선이 일제의 식민지가 됨
1931	만주 사변
1932	중국 상하이에 최초의 일본군 '위안소' 설치
1937	중일전쟁 발발, 난징대학살, '위안소' 제도 확대
1941.12.	일본의 하와이 진주만 기습 공격, 미국의 참전
1945.8.	일본의 패망과 2차 세계대전 종결, 식민 조선 해방
1950~53	한국전쟁
1965	한일기본조약 체결
1991	김학순 할머니의 최초 공개 증언
1992	서울 일본대사관 앞 수요집회 시작, 일본정부의 '위안부' 문제 공식 사과 등을 요구
1992	유엔(제네바)에서 황금주 할머니 기자회견 및 최초 증언
1993	일본 고노 관방장관 담화 발표, 일본정부와 일본군의 '위안부' 제도에 대한 개입과 책임을 인정
1995	여성을 위한 아시아 평화 국민기금 설립
1996	유엔 인권위원회 특별보고자 라디카 쿠와라스와미(Radhika Coomaraswamy)의 보고서에서 '위안부' 문제를 성노예제로 규정
1998	유엔 인권위원회 특별보고자 게이 맥두걸의 보고서에서 일본의 정부차원의 배상책임 규정
2001	일본의 중등교과서에서 '위안부' 문제가 사라짐
2007	미 연방하원 '위안부' 결의안(H.Res.121) 통과
2010	미 뉴저지주 팰리세이즈 파크에 최초의 '위안부' 기림비 건립(이후 여러 도시에서 기림비 설립)
2011	서울에서 1000회차 수요집회, 일본대사관 앞에 소녀상 제막

2013	미 캘리포니아주 글렌데일시에 최초의 해외 소녀상 건립
2014	일 극우단체, 글렌데일시를 상대로 소녀상 철거소송 제기
2015	'위안부' 문제에 대한 한일 외교장관 합의 발표, 피해자를 배제한 '최종적, 불가역적' 합의라고 했으나 국내외적으로 큰 비판을 받음
2016	미 캘리포니아주 교육부에서 '위안부' 문제를 공립 고등학교 10학년 사회·역사 교과과정에 삽입하기로 결정
2017	미 연방 대법원에서 소녀상 철거소송 각하(글렌데일시 최종 승소)
2017	미 샌프란시스코 공공부지에 '위안부' 동상 제막
2020	독일 베를린 공공부지에서 진행 중인 소녀상 전시를 막기 위한 일 극우단체의 로비, 그러나 실패
2021	미 하버드 로스쿨 램지어 교수가 논문에서 '위안부'가 자발적 매춘부라고 근거 없는 주장을 한 데 대해 전 세계 학자들의 집단적 항의와 비판이 이어짐
2021	일본 중·고등학교 교과서에서 '위안부'의 강제성에 대한 서술이 사라짐

1장

'위안부'의 역사와
논쟁점들

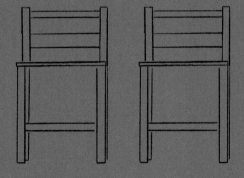

'위안부' 운동이 가장 길고 활발하게 진행되어온 우리 사회에서 '위안부'는 그리 낯설지 않은 말일 것이다. 그러나 왜 '위안부'가 아직도 문제가 되고 무엇이 논쟁점인지 우리는 얼마나 알고 있을까? "'위안부' 동원에 강제성이 없었다.", "피해자 증언 외에 '위안부'에 대한 증거가 없다."거나 "이미 일본은 여러 번 사과를 했다."는 등의 주장에 어떻게 답해야 할까? 이 장에서는 우리가 잘 아는 것 같으면서도 자세히 알지 못하는 '위안부'의 역사와 논쟁점을 소개하고자 한다.

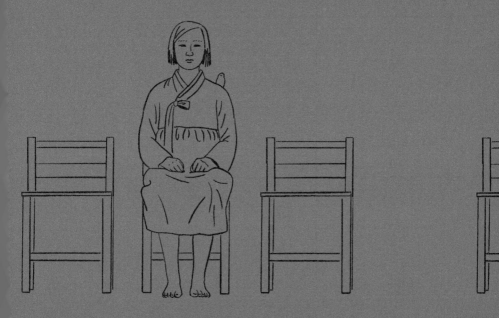

1. '위안부' 제도란 무엇인가?

1) '위안부'는 누구인가?

우리가 익히 들어 익숙한 '위안부'란 무엇이고 누구인가? 일본군 '위안부'란 일제의 만주사변, 중일전쟁, 아시아태평양전쟁으로 이어지는 동아시아에서 계속된 전쟁 기간(1932~1945) 동안 일본제국 하에서 일본군 당국이 주도하여 점령지와 전쟁 지역 등에서 일본군을 위한 성노예로 동원되어 조직적이고 계획적인 피해를 당한 여성들을 가리킨다.

'위안부'와 관련된 여러 용어를 설명하기 전에 '위안'(영어로는 comfort)이라는 의미와 이 단어에 대해 생각해보자. 과연 누구에 의한, 그리고 누구를 위한 '위안'을 가리킨 것일까? 이 질문을 통해 '위안부'의 본질과 문제점에 대해 상기한 후 '위안부' 문제에서 사용하는 용어의 정의와 숨은 뜻을 하나씩 알아보도록 하자.[1]

---

[1] 용어에 대한 내용은 '위안부' 문제를 오랫동안 연구해 온 역사학자 강정숙의 '역사용어 바로 쓰기' 논문과 기타 연구를 참고하여 정리한 것이다.

종군위안부

'위안부' 문제가 널리 제기되기 전인 1970년대 일본에서는 아시아태평양 전쟁에 참전했던 군인들의 회고록이나 논픽션, 픽션 등의 책에서 '종군위안 부'라는 용어를 썼다. 일본이나 한국 일부에서 아직도 종종 사용되는 표현 이기도 하다. '종군'이라는 말이 붙은 것은 종군간호부, 종군기자만큼이나 군과 밀접하고 제도화된 존재였다는 인식 때문으로 보인다. 그러나 이는 정 식 용어도 아니고 '종군'이라는 표현이 강제성을 드러내지 않는다는 점에 서 한국의 관련 단체들은 이 용어를 적합하지 않다고 보았다.

정신대

우리나라에서 '위안부' 문제가 처음 불거져 나오던 1990년대에는 '정신 대'라는 용어를 많이 사용했다. 사실 이 용어는 전쟁 중인 1940년대 아시아 의 여러 곳에서 사용되었다. 남녀 모두에게 적용되었고 '보국단, 보국대'라 는 말과 비슷한 의미로 '농촌정신대', '연료정신대', 요리영업 종사 여성을 조직한 '특별여자청년정신대' 등처럼 일반명사로 사용되었다.

1943년부터는 '여자정신근로령'이 논의되고 '여자근로정신대'가 조직되 기 시작했는데, 그때부터 정신대는 곧 여자근로정신대를 가리키는 용어로 쓰였다. 원래 여자근로정신대는 전쟁의 범위가 커지면서 노동력이 부족해 지자 일제가 여성들을 군수공장에 동원하기 위해 만든 것이다. 전쟁 중 여 자근로정신대로 동원되었던 사람들 중에 군 '위안부'가 된 경우가 있었고 전쟁 중 동원된 여성이라는 공통점 때문에 한동안 우리나라에서는 '위안 부'와 '정신대'라는 두 용어가 혼용되었으며, 정신대라는 용어 안에 '위안 부'가 포함되는 개념으로 사용되기도 했다. 그러나 군 '위안부'와 정신대, 여자근로정신대는 다른 개념이므로 용어 역시 구분해서 사용할 필요가 있다.

'위안부'

당시 일본군을 위한 성노예 피해 여성들을 가리키는 말로 일본군의 문서 혹은 여성들을 모집하는 공고 등에서 널리 사용된 용어는 '위안부'이다. 이 용어 자체의 뜻은 말 그대로 전쟁에 나선 군인들에게 '위안, 편안함, 쾌락을 주는 여성'이라는 의미로, 가해자인 일본군의 관점을 전적으로 반영한 우회적이며 미화된 표현이다. 전쟁 중 연합군이 작성한 영문 보고서에는 이를 그대로 직역하여 'Comfort Women'이나 'Comfort Girls' 같은 표현을 사용했다. 연합군 보고서 작성자들 역시 그것이 역설적인 명칭이라는 점을 의식한 듯 따옴표를 붙여 썼다. 또 '위안부'라는 용어는 '일본인들만이 쓰는 특유의 표현'이라고 설명하기도 했다(미 전시정보국 보고서 49호, 1944.10.1.).

'위안부'는 '위안부', '군 위안부'로도 불렸지만 작부, 특수부녀, 추업부(醜業婦), 예기, 창기, 여급 등 일본 공창제도에서 일하는 여성이나 일반 성매매 여성을 부르는 말로 지칭되기도 했다. 이후 1990년대부터 '위안부' 운동과 역사 연구가 진행되면서 아시아태평양전쟁이라는 역사적 맥락을 강조하게 되었고, 일본군이 조직적으로 만든 제도 하에 반복적으로 성폭력을 당한 여성을 '군 위안부' 혹은 '일본군 위안부'라고 지칭하게 되었다. 피해 여성들은 당시 자신들이 어떤 명칭으로 불리는지 모르는 경우도 많았다.

군대 성노예

여러 연구자와 활동가들은 '위안부'라는 용어가 당시 군이 붙인 미화된 표현이고, 일본군의 의도와 입장, 그리고 남성 중심적인 시각을 드러내는 용어라는 점을 비판해 왔다. 유엔 인권소위원회는 이 문제의 정확한 성격과 문제를 용어에 반영해야 한다는 관점에서 '전쟁 성노예' 혹은 '군대 성노예제(military sexual slavery)'가 더 정확한 표현이라는 의견을 제시했다. 이는 '위안부' 문제가 일제하에 일어난 사건이지만 다른 여러 전쟁 중 여성에 대한 성폭력과 일맥상통한다는 점을 강조하는 것이다.

현재는 (일본군) '위안부'와 (군대) 성노예'의 두 용어가 함께 쓰이고 있다. '위안부'라는 용어는 가해자의 입장에서 만든 표현으로 피해자들의 시각을 반영하지 못하지만 역설적으로 일제가 '위안부'라는 미화된 표현을 만들어가면서 제도화했던 당시의 특수한 분위기를 전달해준다. 이미 '위안부'와 'Comfort Women'이라는 용어로 이 문제의 특수성이 전세계적으로 알려져 왔고 이 용어를 사용한 연구성과도 쌓여 있다. 더불어 제2차 세계대전 시기 일본군이 운영한 성노예 제도를 특정해서 가리킨다는 점을 강조하기 위해 '위안부'라는 용어를 계속해서 사용하는 경우가 많다. 당사자인 생존 피해자들이 '군대 성노예'라는 표현이 너무 직접적이어서 반감을 표한다는 점도 '위안부' 용어가 계속 사용되는 이유 중 하나이다. 다만 현재 우리는 이 용어에 반영된 가해자의 시각에 동의하지 않는다는 뜻에서 인용부호(따옴표)를 붙여 '위안부', '위안소'라고 표시한다. '위안부' 문제의 현재성과 보편성을 강조하고 문제의 본질을 정확히 드러내려는 경우에는 '일본군 성노예'라는 표현도 자주 사용되고 있다.

이 책에서는 이런 점들을 염두에 두고 맥락에 따라 (일본군) '위안부'와 '(군) 성노예'라는 용어를 사용하고자 한다.

2) '위안부' 제도란?

'위안부' 제도란 간단히 말하면 제2차 세계대전, 특히 아시아태평양전쟁 중 일본군이 가는 곳마다 병사들을 위한 성적 유희를 제공한다는 명목으로 주로 식민지와 점령지역에서 동원해 온 여성들을 '위안소'에 가두고 성노예로 부린 제도이며, 거기에 강제로 끌려간 여성들이 '위안부'이다. 주목할 것은 이는 현지에서 몇 명이 우발적으로 저지른 범죄가 아니라 국가가 주도하고 조직적이고 계획적으로 설치, 운영한 제도였다는 점이다. 피해자의 범위에 대한 일반적인 의견은 일본군 당국이 체계적이고 조직적으로 세우거나 현지에서 일본 군부대가 임의적으로 만든 시설에 동원되어 감금, 폭력의 대상이 된 피해자들을 '위안부' 피해자라고 보는 것이다. '위안부'를 연구하는 역사학자 박정애는 넓은 의미에서 일본제국 내에서 관리된 성매매 시설의 피해자들을 '위안부' 피해자로 보았다. '위안부' 문제의 권위자인 역사학자 윤명숙은 제2차 세계대전 중 일본군에 의한 성폭력을 1)'위안소'를 통한 폭력, 2)여성들을 납치, 감금해 정기, 부정기적으로 저지른 성폭력, 3)전투와 소탕작전 중 현지 주민들을 대상으로 한 성폭력, 이렇게 세 가지로 분류하고 특히 그중 첫 번째를 '위안부' 피해자로 보았다.

피해자의 숫자에 대해서는 정확한 추산이 불가능하다. 일본군이 패전을 앞두고 관련 문서를 대량 폐기했고, 현재 일본 정부는 남아있는 문서도 전부 공개하지 않고 있으며 당사자인 피해자들이 상당수 사망하거나 증언하지 못하는 경우도 많기 때문이다. 이 문제에 대해 연구 초반부터 결정적인 자료를 발굴하고 일본군 문서를 오랫동안 분석해 온 일본 역사학자 요시미 요시아키 교수에 따르면 피해 여성의 숫자는 문서상으로 확인된 것만을 최소한으로 잡더라도 5만 명 이상이라고 했고, 또 다른 일본 역사학자 다나카 유키는 그 숫자를 8만에서 10만 명 사이로 추정했으며, 그외 많은 연구자들은 약 20만 명으로 추산해 왔다. 최근 중국 '위안부'들에 대한 자료 발굴과 증언 채취 등의 연구가 추가됨에 따라, 피해자의 숫자는 40만 명 이상이라는 주장도 나오고 있다.

이제까지 문서 자료로 밝혀진 것만 보더라도 일본, 한국, 대만, 중국, 필리핀, 인도네시아, 베트남, 미얀마, 네덜란드, 동티모르 10개국에서 여성들이 동원되었으며, 피해자 여성의 반 이상(연구에 따라서는 80퍼센트까지)이 조선 여성이었던 것으로 추정한다.

한 '위안소'에는 비슷한 지역에서 온 여성들이 같이 있는 경우가 많았다. 한 '위안소' 안에 일본인, 조선인 여성들이 함께 있는 경우도 있었는데, 이럴 경우 인종에 따라 요금이 달랐다. '위안소' 안에서조차 일제의 인종적 위계질서가 적용된 것이다. 외지, 그리고 전장에 가까운 곳일수록 일본인 여성은 드물었고 그 자리를 조선인 '위안부'가 채운 경우가 많았다. 여성들을 데려가기 힘든 곳에서는 현지 여성을 납치해서 '위안소'를 만들기도 했다.

3) 누가, 왜 '위안소'를 만들었나?

기록으로 남아있는 최초의 '위안소'는 1932년 상하이에 설치된 것이었다. 초반에는 일본의 성매매 직업 여성들 중에서 지원자를 받아서 보냈으나 전쟁이 확장되고 요구가 늘어남에 따라 식민지와 점령지의 여성들을 본격적으로 모집, 강제적으로 동원하기 시작했다. '위안부' 여성들은 전쟁을 위

일본군 위안소 지도

일본군은 만주사변 이후 침략하고 점령한 아시아 태평양 각지에 일본군
장병을 위해 군위안소를 설치했습니다. 1990년대 아시아 각지에서
일본군 성노예 피해여성들이 공개증언을 시작하면서 진행된 조사를
통해 일본군이 침략한 거의 모든 지역에 일본군 위안소가 설치된 것으로
파악되었습니다.

이 지도는 피해여성의 증언, 일본 군인의 회고록, 일본군 관계자료와
전범재판 자료 등 공문서, 지역주민의 증언 등을 토대로 작성했으며,
일본군이 설치하고 관리했던 군 위안소의 위치가 표시하였습니다. 각
지점의 근거자료는 wam 홈페이지에서 '일본군 위안소 지도'를
참조하시기 바랍니다.

URL: https://wam-peace.org/ianjo/
액티브 뮤지엄 '여성들의 전쟁과 평화 자료관 (wam)

총국 산시성 위(조)현율 침공한 일본군의 거점이 된
진구이(晋魁) 마을의 야오동(동굴식 주거지). 완아이화
(萬愛花) 씨, 귀사추이(郭喜翠) 씨, 저우샹양(周喜香) 씨
등은 이곳에서 장기간 감금된 채 강간당했다.

타이완 화렌의 이와루 다나하 씨 등이 허드렛일을 하던
창고부대 동굴. 밤이면 한 명씩 불려나가 일본 군인에게
강간당했다. 낮에는 감일을 하고 밤에는 성폭력을
당하는 날들이 1년 이상 지속되었다.

• 국가/지역 명칭은 2019년 현재 기준임. 지명이
변경된 도시 등은 당시의 지명을 괄호 안에 표기함.
• 촬영자를 별도 기재하지 않은 사진은 wam 소장.

액티브 뮤지엄 '여성들의 전쟁과 평화 자료관' (wam)
우)169-0051 도쿄도 신주쿠구 니시와세다 2-3-18 AVACO빌딩 2층
tel:03-3202-4633 e-mail:wam@wam-peace.org

필리핀 레이테 섬 브라우엔(Buranen)에서 일본군이 주둔했던 라우엔 중앙초등학교 건물. 프리실라 바르토니코 씨는 이곳에 감금되어 강간당했고 비행장 건설작업에도 동원되었다. (촬영: 다케미 지에코)

인도네시아 자바섬의 반둥 근교 치마히에서 '그둥 들라빤'(8번관)이라 불리던 집. 이곳에 끌려온 스하나 씨 외에도 약 30명의 여성이 있었다. 일주일에 한 번 장교 숙사에도 불려가야 했다고 한다.

미얀마 피아(프롬)의 위안소 '오토메(乙女)'. 조선에서 이곳으로 끌려온 문옥주 씨는 '마쓰모토'라는 경영자 이름을 기억하고 있는데, 이는 위안소 관리인 박 씨의 일기와도 일치한다. (촬영: 모리카와 마치코)

일본군의 최대 침공선

한 '군수품'처럼 취급당했고, 성적인 서비스를 제공하는 노예로 부려졌다. 당시에 일본이 서명했던 여러 국제협약의 기준에 비추어 보더라도 이는 반박할 수 없는 인권침해이며 민간인에 대한 전쟁범죄였다.

1933년 관동군 부대에서 '위안부'를 검진했다는 기록이 남아있는데, 기록상에 나타나는 대다수가 조선인이었다. 이는 '위안소'의 초기 형태였던 것으로 보이며, 초반부터 조선인 여성들을 동원했다는 것을 뒷받침할 증거가 된다. 1937년에 일어난 난징대학살 이후 현지 여성에 대한 일본군의 성폭력, 강간이 큰 문제가 되고 현지인들의 반일 감정이 악화되자, 일본군 당국은 '위안소'를 본격적으로 설치하기 시작했고 군이 관여해 여성들을 모집하게 된다. 일본군이 이 과정을 어떻게 주도, 개입했는지는 뒤에서 자세히 다룰 것이다.

'위안소'는 전쟁 중 일본군이 점령, 침략한 아시아태평양 지역 13여 개국에 걸쳐 각 곳에 세워졌다(40쪽 지도 참조). '위안부' 피해자의 숫자와 마찬가지로 '위안소'의 개수 역시 일본군 공문서가 많이 소실된 상황이라 정확히는 알 수 없다. 남아있는 자료 중 1942년 9월 일본 육군성 의사과 소속의

'위안소' 앞에 줄서서 차례를 기다리는 일본 군인들

출처 : 일본 아시아여성기금 웹사이트
https://tinyurl.com/y6skq9hv
일본 군인 무라세 모리야스 촬영

관리 긴바라 세쓰조의 보고서에서는 당시 국외에 세워진 '위안소'의 숫자를 중국 북부에 100곳, 중부에 140곳, 남부에 40곳, 동남아시아에 100곳, 남서태평양 지역에 10곳, 사할린 남부에 10곳으로 총 400곳이 있다고 했다. 이에 비추어 본다면 전쟁 시기 전체에 운영된 '위안소'의 규모와 범위는 남아있는 문서에서 확인된 것보다 훨씬 더 컸을 것으로 추측할 수 있다.[2]

일반적으로 '위안소'에는 세 가지 종류가 있었다.

첫째, 군이 직접 경영한 '위안소', 둘째, 민간업자에게 경영을 맡긴 경우, 셋째, 민간의 유곽 등을 군이 일시 지정해 이용한 경우이다. 이외에 현지 부대가 현지 여성들을 연행하여 일정 기간 동안 감금, 강간한 경우도 있었다. 민간업자가 경영한 '위안소'의 경우에도 운영 방식에 있어서 군이 관리하는 것과 큰 차이는 없었다. 예를 들어 1940년 10월 당시 중국 우한에 주둔하던 '다카모리 부대 경비지구 내 지방 상인의 영업에 관한 규정'을 보면, 일본군 100명당 '위안부'를 1명의 비율로 할당했고 '위안소'업 경영자가 3명임을 보고하면서, '위안부'의 정기 검진 및 매독 검사 날짜와 시간, 부대의 '위안소' 이용 규칙 등을 밝히고 있다. 즉, 군이 직접 경영하든지 민간업자에게 위탁하든지 간에 모든 '위안소'와 '위안부' 관리는 철저하게 군의 통제와 감시하에 이루어진 것이다.

일본군이 '위안소'를 만든 이유는 대략 네 가지로 설명할 수 있다. 첫째, 현지 여성들에 대한 강간 방지이다. 그러나 '위안소'가 세워진 후에도 일본

2   일본의 민간단체 WAM(Women's Active Museum on War and Peace)이 각종 자료와 연구를 종합하여 '위안소' 위치를 표시한 지도를 제작했다. 앞에 수록된 일본군 위안소 지도를 보면 전쟁 중 일본군이 가는 곳곳마다 '위안소'를 설치했음을 알 수 있다. 자료 제공 : ⓒ Women's Active Museum on War and Peace(WAM)

군인들이 저지르는 강간 사건은 끊이지 않았다는 것이 여러 곳에서 드러났다. 둘째, 일본군은 직접 통제하는 성매매 제도를 통해 군인들의 성병을 방지하고자 했다. 그러나 계속해서 군인과 여성들의 성병 발병 사례가 보고된 것으로 보아 '위안소' 설치로 이 문제 역시 전혀 해결되지 못했을 뿐 아니라 오히려 악화된 경우도 많았다. 셋째, 일본군은 '위안소'를 세워 군인들에게 성적 '위안'을 제공하고 군의 사기를 돋우려고 했다. 넷째, 방첩(군인들을 대상으로 한 스파이 활동 방지)의 목적이 있었는데, 다시 말하자면 일본 군인들이 현지 민간인들을 접촉함으로써 일어날 수 있는 군사기밀 누출을 방지한다는 것이다. 이처럼 '위안소'는 여성들에 대한 기본적인 인권침해를 전제로 세워졌음을 알 수 있다.

4) '위안부' 제도의 특수성

전쟁 중 많은 사람들이 피해를 입는 것은 당연하지 않으냐는 질문이 나오기도 한다. '위안부' 피해자만 전쟁 중에 힘든 일을 겪은 것은 아니지 않느냐는 것이다. 왜 그렇게 오래 전의 문제를 아직도 다루어야 할까? 과연 '위안부' 제도는 무엇이 특별하기에 지속적인 연구와 관심이 필요할까?

전쟁 중 병사에게 성을 제공하는 것이나 여성에 대한 성범죄 등 전시 여성에 대한 인권유린은 근대 전쟁사에서 종종 나타나는 현상인 것이 사실이다. 그러나 '위안부' 제도의 특수성은 일본군과 일본 정부가 장기간 계획적, 체계적으로 이 제도를 고안 및 유지했고, 일본 제국주의와 전쟁의 확대에 따라 식민지 여성의 희생을 동반했다는 점에 있다. 이런 점에서 '위안부' 제도에는 다른 전시 성폭력과 구분되는 특수한 역사적 맥락이 있다.

한편에서는 일제강점기 당시 식민지 역사의 맥락에서 '위안부' 문제를 이해하려고 한다. '위안부' 여성들이 대부분 식민지의 가난한 가정 출신으로 국가 권력에 의해 동원되었다는 사실을 강조하면서, 식민지 강점이라는 특수한 상황에서 미성년자 고용, 인신매매, 취업사기 등 민족 차별, 강제성에 기초를 둔 범죄였음을 지적하고 있다.

다른 한편, '위안부' 제도는 한두 명의 일탈이나 범법행위가 아니라 국가가 철저히 '계획적'이고 '이성적'인 결정과 법규정을 통해 마련한 국가적, 제도적인 대규모의 성폭력이라는 점 역시 '위안부' 제도의 큰 특징이다.

예를 들어 아래 1937년 일본군의 '야전주보 개정에 관한 건' 문서는 전장에서 군인들이 이용하는 주보(매점)의 일부로 '위안소' 설치를 규정하고 있다. '위안부'가 전쟁 중 군수품의 하나로 간주되었음을 보여주는 중요한 자료이다. 또다른 예로 연합군 번역통역부(ATIS) 조사보고서 120호는 연합군이 노획한 일본군 문서를 통해 '위안소' 설치와 '위안부' 영업에 대한 세세한 규정을 보고했다. 오랫동안 '위안부' 관련 문건을 수집, 분석해 온 국

1937년 9월 일본군의 '야전주보 개정에 관한 건' 문서의 표지와 '위안소' 관련 규정이 포함된 페이지. 일본군의 공문서로 야전주보, 즉 전장의 물품판매소의 일부로 '위안소'를 설치할 수 있다고 규정했다. '위안소'가 일본군이 설치한 병참시설이었다는 증거이자, '위안부'가 전쟁물자처럼 취급되었음을 보여주는 자료이다.

출처 : 일본 아시아역사자료센터 JACAR(Japan Center for Asian Historical Records) Ref.C01001469500

전쟁 당시 촬영된 '위안소' 입구. '성스
러운 전쟁의 용사들 대환영! 몸과 마음
을 바치는 여성들의 서비스'라는 글귀
가 붙어있다. 장소와 연도 미상.

출처: 辛基秀, 映像が語る「日韓併合」
史: 1875年~1945年 (労働経済社, 1987),
p.296.

사편찬위원회 편사연구관 황병주는 이 보고서를 분석하면서 이러한 일본
군의 규정이 "'위안소'가 야만의 산물이자 근대 국가의 '합리적' 기획물임
을 동시에 보여준다."고 해석했다. '위안소' 제도는 전쟁 중 사회에서 가장
약한 구성원인 식민지 여성을 동원했다는 점에서 일본 제국주의의 야만성
을 상징하지만, 동시에 '위안소'의 기획, 모집, 수송, 운영 등이 일본의 국가
이성이 '합리적'으로 작동한 결과로 운영되었다는 것이 일본군의 '위안소'
운영 규정에서 드러난다는 것이다.

　요컨대 '위안부' 제도는 동아시아 식민주의 맥락과 전시 여성에 대한 성
범죄라는 특수성과 보편성을 모두 드러내는 역사이다. 이 두 측면이 겹쳐져
'위안부' 문제의 특수성을 이룬다고 할 수 있다.

2. 책임은 누구에게 있는가?

　'위안부' 제도에 대한 일본의 책임을 부인하려는 일본 우익 인사들의 주요 논리는 '위안소'를 누가 만들어서 운영했고, 여성들을 누가 어떻게 동원했는지에 집중되어 있다. 아래에서는 역사를 부정하려는 주장을 여러 요소로 나누어 설명하고 거기에 맞는 역사적 증거를 바탕으로 그들이 내세우는 논리와 허점을 지적할 것이다. 종류별로 자료들을 살펴봄으로써 '위안소'를 설치, 통제한 것은 바로 일본의 군 당국이었다는 점을 명확하게 드러내고자 한다.

1) 일본 공문서에 나타난 일본 당국의 개입

　일본 파견군 명령에 따라 '위안소' 설치가 이루어진 사실은 1990년대부터 발굴된 일본군의 공식 문서들을 통해 이미 여러 차례 드러났다. '위안부'를 모집한 업자, '위안소'를 설치·관리한 업자들이 군의 계획에 손발로 이용된 정황 역시 이들 문서에 뚜렷이 드러난다. 민간업자들이 '위안소'를 세우고 여성들을 데려온 경우에도 전쟁터와 점령지에서 민간인의 이동은 일본군 당국이 편의를 제공해야만 가능했다. 게다가 '위안소'로 쓰인 건물은 군이 접수해 사용을 허가한 것이 일반적이었고, '위안소' 운영은 군의 허가, 관리 감독하에서만 가능했다. 그렇기 때문에 민간업자들이 '위안소'를 운영했으므로 군이나 정부에게 책임이 없다는 주장은 성립할 수 없다. 앞서 언급한 1937년 9월 제48호 일본 육군이 작성한 야전주보 규정 개정에 군 '위안소'는 후방시설(병참)로 설치한다는 내용이 포함되어 있는데, 이것이 군 '위안소'를 설치하는 법적 근거가 되었으며 이로써 일본군은 '위안소' 운영을 위한 제도적, 법적 장치를 마련하였다.

일본 극우세력은 육군 통첩 자료(군 위안부 종업부 등 모집에 관한 건, 745호(1938.3.4.) 등)를 인용하며 조선총독부가 모집업자의 불법적인 모집행위를 단속했다고 주장한다. 그러나 요시미가 강조하듯이 이 자료는 표면적으로 보이는 것과는 반대로 총독부가 모집업자를 단속했다기보다는 오히려 군 '위안부' 징모를 육군성이 공식적으로 승인했다는 점을 우회적으로 드러내려는 의도가 있었음을 주목해야 한다.

마찬가지로, 내무성 통첩 제77호(지나 도항 부녀의 취급에 관한 건, 1938.2.18.)는 '위안부' 모집에 있어서 국제법에 따르도록 지시하고 있다. 이역시 겉으로 보기에는 일본 당국이 국제법 준수를 지시한 증거인 것처럼 보인다. 그러나 여기에서도 행간을 읽을 필요가 있는데, 특히 이 문서는 21세 이하 여성 모집 금지 조항 등을 거론하고 있지만, 동시에 성매매 목적으로 여행하는 여성들, 중국 화북·화중으로 가는 자에 한해서는 묵인하도록 한 예외조항을 넣었다는 점을 주목할 필요가 있다. 또 여성의 이동에 대해 군의 양해와 연락이 있었다고 공공연히 말하는 업자를 단속하라고 지시하고 있다. 요시미가 지적하듯이 이는 사실상 여성들의 모집 및 이송을 허용하면서도 여성 동원의 주역인 군이 드러나지 않도록 하라는 지시를 둘러 표현한 것이다. 군이 주도하는 여성 동원에 대해서 묵인하고 '인신매매죄'에서 빠져나갈 구멍을 만든 셈이다. 더욱이 21세 이상의 여성만 여행을 허가하라는 이 통첩은 일본 내지에 한정되었고, 식민지인 조선과 대만에서는 지켜지지 않았다. 일본 정부는 부녀 매매에 관한 국제조약을 식민지에는 적용하지 않는다는 방침을 가지고 있었기 때문에, 조선과 대만에서 21세 미만의 많은 여성들이 유괴, 인신매매 등으로 동원되는 데 아무 제약이 가해지지 않았다.

일본 극우세력은 내무성 통첩 제136호(1938.11.8.)를 일본 당국이 21세 이상이고 이미 성매매업에 종사하고 있던 여성만 '위안소'로 보냈다는 주장에 대한 근거로 많이 거론한다. 그러나 앞의 문서처럼 이 자료 역시 눈에 보이는 규정 이면의 맥락을 살펴야 한다. 이 문서에 모집 여성의 가족, 친족의 허락을 받도록 하는 규정이 있지만, 본인의 의지를 무시하고 가족이나 친족에게 선금을 주고 허락을 받아 여성들을 동원하는 등의 광범위한 방법이 쓰인 것을 피해자 증언과 다른 기타 자료들을 통해 확인할 수 있다.

2) 일본인 개인 기록에 나타난 '위안부' 동원 정황

일본의 공식 문서 외의 자료들을 통해 정황을 더 확인해보자. 1942년 7월 '일본군 위안소 관리인의 일기'(1942.7.)는 버마(현 미얀마)에 있던 '위안소'의 관리인으로 일했던 일본인이 남긴 기록으로, 여기에 조선인 '위안부' 동원과 관련해 '제4차 위안단'이라는 말이 나온다. 이 문서에 나오는 4차 위안단 이외에 1~3차 위안단에 대한 기록은 남아있지 않지만, 여성들을 동원하는 과정이 계획적, 순차적으로 이루어졌음을 암시하는 대목이다.

더욱이 10대의 미성년자들이 '위안부' 피해자로 끌려간 정황은 피해자뿐 아니라 일본 군인 증언에서도 많이 드러난다. 필리핀, 중국, 한국 등에서 많은 경우 12~15세 정도의 어린 소녀들이 끌려갔음이 밝혀졌다. 미국 여성학자 스테츠(Margaret Stetz)가 지적하듯이, 피해자들은 식민지 내 가난한 계층 출신이기도 했지만, 어린 나이였기 때문에 쉽게 동원의 표적이 되었다는 점에서 일본군 '위안부' 제도는 인신매매뿐 아니라 아동 성 인신매매 범죄이기도 했다.

3) 연합군 자료에 나타난 일본군 개입 정황

버마의 경우 여러 건의 연합군 보고서에 일본군이 '위안소'를 직접 통제한 정황이 남아있다. 일본군이 전체적인 제도와 '위안부' 이송을 설치, 통제하고 '위안소' 관리 및 경영을 업자에 위임했던 것이다.

미군(연합군)의 번역통역부(ATIS) 조사보고서 제120호(1945.11.15.)가 좋은 예이다. 이 자료는 연합군 측에서 생산한 '위안부' 관련 자료 중 가장 자세하고 방대한 내용의 문서이고 최고 사령관에게까지 보고된 비중 있는 문서 형태로, 정확한 정보와 풍부한 내용이 담겨있다. 황병주가 언급했듯이 이 보고서가 1945년 2월과 11월 두 차례 작성되었다는 점이 흥미롭다. 두

판본의 차이는 '위안소'에 대한 내용에 집중되어 있는데, 2월 보고서에서 간단히 기술되었던 '위안소'에 대한 내용이 11월 보고서에 보강된 것을 알 수 있다. 11월 보고서에는 상하이 지역으로 추정되는 남부 지구, 타클로반, 브라우엔, 라바울 등 다섯 곳의 '위안소' 규정문을 모아 첨부하였다.

이 보고서에 첨부된 마닐라의 '위안소' 규정은 '위안소' 설치와 운영 전반에 대한 세세한 규정을 담고 있다. 설치와 영업 중지, 폐업, 그에 따른 손해 보상까지 전적으로 일본군의 책임으로 처리된다는 내용이 담겨 있어, '위안소'가 일본군의 부대시설이었음을 명백히 입증한다. 그 외에도 업자가 개업 허가를 위해 제출해야 하는 네 종류의 서류 규정, '위안소' 대기실 규약과 요금표, 영업시간, 업주와 '위안부'의 수익 배분 등도 포함되어 있다. 즉, '위안부'를 동원, 이송하고 '위안소'를 운영하는 전 과정이 민간업자들의 의도와 계획만으로는 이루어질 수 없으며 조직적, 체계적, 국가적 과정을 거쳐서 이루어졌다는 것이 잘 드러난다.

연합군의 전쟁포로 심문보고서에서 일본 당국이 여성들을 어떻게 동원했는지도 엿볼 수 있다. 동남아시아 번역통역부(SEATIC)의 심문회보 제2호(1944.11.30.)에는 조선에서 조선군 사령부가 먼저 일본인 업자들에게 '위안부' 모집을 제안했고, 이에 따라 업자들은 버마로 여성들을 동원할 수 있는 허가권을 신청해서 '위안부'들을 동원했다는 내용이 있다.

미국 전시정보국(OWI)의 심문보고서 49호(1944.10.1.)는 조선인 '위안부' 20명과 일본인 업자들의 심문과 추가 조사를 바탕으로 업자들이 1942년 5월 초에 조선인 여성들을 동원하기 시작했다고 하였다. 이는 버마 북부에서 연합군의 패배가 확실시되던 시점이므로, 일본이 버마를 점령하자마자 '위안소' 설치 및 동원 계획을 세우고 여성 모집을 시작했음을 알 수 있다. 이 경우 업자들은 가족에게 선금을 지불하고 6개월에서 1년 사이의 기간으로 계약을 체결했다고 하는데, 정작 피해 여성들은 어디로 가서 무슨 일을 하는지 정확히 알지 못했다. 즉, 조선군 사령부와 일본군이 '위안부' 여성 동원 과정에 깊이 개입했으며, 업자들에게 동원권을 부여했고(조선군 사령부), 여성들을 버마로 수송하려면 군함을 이용해야 했기 때문에 일본군으로부터 허가를 받아 이 과정을 진행했던 것이다. 이 문서에 따르면 이렇게 모은 조선 여성 703명과 업자 90명이 부산항에서 군함을 탔고 이 배는 대만, 싱가포르를 거쳐 1942년 8월 20일에 버마 랑군에 도착했다.

4) '위안부' 동원 방법에서 드러난 문제

여성들은 어떻게 동원되었을까? 처음 '위안소'가 설치되던 초반에는 일본 내에서 창기 등 추업에 종사하는 21세 이상의 여성을 모집하는 것을 원칙으로 했다. 그러나 이후 요구가 늘어나면서 식민지와 점령지에서 여성들을 동원할 때에는 여성들이 어디로 가서 무슨 일을 하는지 모른 채 동원되거나 유괴된 경우가 대부분이었으며, 나이 제한 역시 지켜지지 않았다.

취업 사기

조선에서 끌려간 피해자의 대다수가 좋은 직장이 있다는 말에 속아서 끌려갔다. '위안부'에 대해 일본 당국의 책임을 부정하는 이들은 일본의 공문서에 강제적으로 여성들을 동원했다는 내용이 없다는 것을 근거로 내세운다. 그러나 요시미 교수를 비롯해 여러 역사학자들은 당시 군 당국에게 그런 의도가 있었다고 하더라도 그 직접적인 내용을 공문서에 남기지는 않았을 것이라고 지적한다. 이 때문에 감언과 사기로 여성들을 유괴한 정황은 다른 나라의 공문서를 통해서 더 잘 드러난다. 앞서 언급한 전시정보국 심문보고서 49호는 조선인 '위안부' 여성들이 유괴와 인신매매에 의해 버마로 끌려왔다고 기록하고 있다.

일본 극우세력은 식민지 조선의 신문에 난 '위안부' 공고문을 거론하며 여성들이 자발적으로 지원했다고 주장한다. 그러나 학자들은 당시의 정황을 볼 때 자발적인 지원이란 불가능했다고 강조한다. 요시미 교수는 '위안부' 공고문이 실린 경성일보와 매일신보 모두 총독부의 기관지였다는 점을 지적한다. 또 동원 대상이 되었던 여성들이 주로 가난하고 교육을 받지 못한 계층이었다는 점을 고려했을 때 여성들이 공고를 보고 찾아갔을 확률은 매우 낮다. 정황상 광고주는 군이 선정한 모집업자였을 것이고, 이 광고는 업자들이 다른 업자(하청업자)들을 향해 낸 것일 가능성이 크다. 역사 부정론자들은 이런 공고문에 기재된 급여의 액수가 상당히 높다는 것을 들어 여성들이 자발적으로 지원했고 좋은 대우를 받았다고 주장하지만, 이는 사람들을 유인하기 위한 인신매매의 통상적 수법이라고 볼 수 있다. 이렇게 볼 때 이 공고문들은 역사 부정론자들의 주장과는 반대로 오히려 총독부가 인신매매와 유괴를 알고도 묵인한 증거가 된다.

또 역사 부정론자들은 부산에서 경찰이 유괴업자를 체포했다는 기사를 인용하면서 일본 당국은 오히려 유괴, 인신매매 업자를 단속하고 국제법을 준수하려 했다고 주장한다. 그러나 이 기사에 등장하는 체포된 이들이 '위안부' 관련업자였는지 확실히 밝혀진 바가 없다. 오히려 당시 약취, 유괴, 인신매매가 다수 발생했기 때문에 군대와 경찰이 선정한 업자가 '위안부'

를 모집하는 경우 묵인하고 그 외의 일반업자를 적발했다는 설명이 가능하다. '위안부' 문제를 연구해 온 역사학자 한혜인은 경찰이 조선 내 특정 유괴업자를 단속한 것이 사실이지만 이는 오히려 일본 당국으로부터 여성 동원 명령을 받은 총독부와 경찰이 조선에서의 여성 동원을 위한 업자의 숫자와 분포 파악을 위한 일종의 준비작업이었을 수 있다고 추정했다.

역사학자 윤명숙은 민간업자가 임의로 여성들을 사기로 모집했으므로 일본 정부가 책임이 없다는 주장에 대해 '취업 사기'라는 모집 형태가 생긴 요인, 배경, 그리고 이를 묵인한 당국의 책임을 같이 따져야 한다고 지적한다. 요컨대 '위안부' 역사를 부정하는 이들은 진실을 가리기 위해 공문서와 공고문, 신문 기사 등에서 작은 부분 하나만 떼어서 부풀리고 왜곡하여 '위안부'는 자발적으로 지원한 매춘부라거나 '위안소' 제도는 민간업자가 자체적으로 만들었다는 등의 주장을 펴온 것이다. 여러 증거와 정황을 종합해 보면 역사 부정론이 얼마나 근거가 희박한지가 바로 드러난다.

강제 연행

피해자들의 증언에 따르면 여성들이 경찰 등의 관원에 의해 연행된 경우도 많았던 것으로 보이는데, 여기에 조선총독부가 관여했다는 사실을 입증하는 연구는 앞으로도 계속되어야 한다. 식민지 조선에는 일제가 식민지의 물적, 인적 수탈을 자행할 수 있는 체계가 구축되어 있었다. 일본이 벌인 전쟁이 확대되어 '위안부'와 군인, 노동자의 수요가 높아졌을 때 식민지 조선은 인력을 강제 동원하기 용이하면서도 국제법의 구속을 피할 수 있는, 일본 입장에서는 상당히 편리한 조건을 갖춘 곳이었다. 반드시 여성들을 밧줄로 묶어서 끌고 간 것이 아니더라도 모집 과정에서 폭력과 기만이 있었다면 강제 연행이라 할 수 있다는 점도 기억해야 할 것이다.

무력에 의한 유괴

무력을 이용한 납치, 유괴는 중국과 필리핀의 경우에 많이 일어났다. 인도네시아 현지 여성과 네덜란드령 동인도에 거주하다가 수용소에 감금되었던 네덜란드 여성들의 경우에도 무력적으로 납치, 동원되었다. 이 경우는 주로 일본 공문서 외의 자료에서 확인된다.

피해자 증언에서도 무력 납치 사실을 확인할 수 있다. 부산에 살던 이옥선 할머니는 울산에서 일하다가 심부름을 다녀오던 중에 트럭에 강제로 실려 끌려가 중국 지린성에서 '위안부' 생활을 해야 했다. 필리핀 피해자 마리아 로사 헨슨(Maria Rosa Henson)은 16세인 1943년 앙겔레스 지역 검문소에서 일본군에게 잡혀가 9개월 동안 '위안부' 생활을 해야 했다. 또 다른 필리핀 피해자 나르시사 클라베리아(Narcisa Claveria)의 경우 게릴라군 색출을 하던 일본군에게 가족이 학살당하고 언니 두 명과 함께 끌려가 '위안소'에서 약 18개월 동안 하루 40~60명의 일본군을 상대해야 했다. 그녀는 그 외에도 요리, 청소, 빨래 등을 했으며 반항하면 채찍질을 당했다. 이렇게 일본군이 집에 쳐들어와서 가족들을 학살하고 여성들을 '위안소'로 데려가 강간하고 성노예로 삼은 것은 여러 피해자 증언에서 나타나는 공통적인 패턴으로 이들은 필리핀에서 강제로 동원된 약 천여 명의 피해 사례 중 일부이다.

중국 피해자인 주 페닝(Zhou Fenying)은 루가오(Rugao)라는 마을에 살고 있었는데, 1938년 일본 군인들이 마을에 들어와 예쁜 여자들을 잡아간다는 말을 듣고 도망갔으나, 곧 발각되었다. 그녀는 종싱 호텔(Zhongxing

Hotel)에 설치된 '위안소'로 끌려가서 3개월 동안 성노예 생활을 해야 했다.

납치로 '위안부'가 된 것이 일본 법정에서 인정된 사례도 있다. 2000년대 중국의 피해자 네 명은 일본 법원에 세 건의 소송을 제기했는데, 세 건 모두 청구가 기각되었다. 그러나 모든 소송에서 일본 법원은 이들의 강제 연행, 감금, 강간 사실을 인정했다(중국인 '위안부' 손해배상 청구사건 1차 소송에 대한 도쿄고등법원의 판결, 2004.12.15.).

1946년 도쿄에서 열린 극동국제군사재판(이른바 '도쿄재판')의 증거자료와 판결에도 여성 납치의 증거가 남아있다. 이 재판에서 제시된 증거자료 중 하나로 인도네시아 모아섬의 지휘관이던 일본 육군 중위는 주민이 헌병대를 습격했다는 이유로 주민을 처형하고, 그 딸 다섯 명을 강제로 '창가'에 집어넣었다는 것을 인정했다.

네덜란드군의 문서에서도 강제 연행 사례를 찾을 수 있다. 1944년 인도네시아 스마랑에서 일본 육군부대가 적어도 24명의 네덜란드 여성들을 강제로 끌어내 '위안부'로 부린 소위 스마랑 '위안소' 사건은 널리 알려져 역사 부정론자들도 부인하기 힘든 기정 사실이다. 그리고 이런 사례가 예외적인 것이 아니었다는 사실은 네덜란드 정부 보고서를 통해 입증된다. 네덜란드군 보고서에는 백인 여성 중심으로 피해가 기술되었지만, 현지 여성의 피해 사례도 다수 존재한다.

3. 여성들은 어떤 일을 겪었는가?

여러 나라에서 동원된 여성들이 각지의 '위안소'로 동원되었기 때문에 현장의 상황과 조건, 여성들의 개인적인 경험에 따라 '위안소' 생활은 매우 다양하게 나타났다. 그러나 공통된 것은 여성들이 자기 의지와 상관없이 감금되었고 반복적으로 강간을 당했다는 것이다. 어떤 여성들의 경우 하루에 몇십 명의 군인들을 상대해야 했다.

검진을 마친 여성에게는 일본 이름이 붙여졌고, 각 여성의 방 앞에 일본 이름을 나무나 종이 명패에 써서 붙였다. 일본 군인들은 '위안부' 업주에게서 표를 사서 여성들의 방 앞에 줄서서 자기 차례를 기다렸다. 여성들에게는 몸이 힘들다고 '서비스'를 거부할 권리가 없었다.

'위안부' 규정에는 음주나 폭력을 금하고 있었지만 사실상 폭력과 학대, 고문은 매우 일상적이었다. 북한의 박영심 할머니를 비롯한 여러 피해자가 말을 듣지 않는다고 일본군의 칼에 베이는 등 폭력과 학대로 인한 상처를 가지고 있었다. 또한 여성들은 군인들에게 성병을 옮기지 않도록 강한 독성의 매독 주사를 맞았는데, 불임을 비롯한 여러 부작용도 여성의 몫이었다.

1938년 1월 중국 상하이에 설치된
육군 '위안소' 벽에 걸려있던 규정.
부대별 입장 요일과 요금 등이 적혀있다.

출처 : 여성가족부 e-역사관

연합군 보고서에 기록된 버마의 '위안소' 운영 체계에 따르면 일반 병사는 1.5엔을 내고 20~30분, 장교는 5엔을 내고 30~40분을 머무르는 식으로 가격이 책정되어 있었고 부대별로 이용할 수 있는 요일이 정해져 있었다(일본군 전쟁포로 심문보고서 49호, 1944.10.1.).

일본군 출신 일본인들의 증언을 통해서도 '위안소' 생활을 엿볼 수 있다. 일본군 위생병 출신인 마츠모토 마사요시는 1944년 중국 북서부에 주둔한 일본 육군부대에서 '위안부'들을 검진했다고 증언했다. 그는 300명 규모의 부대에 6~7명의 한국인 '위안부'들이 부대원들을 상대하는 모습을 처음 보고 충격을 받았으며, 그들은 분명히 '성노예'였다고 증언했다. 보통 군의관이 이 여성들을 한 달에 한 번씩 검진하여 성병 여부를 확인했는데, 위생병인 그 역시 이 일을 도왔고, '위안소'에 오는 병사들에게 콘돔을 나눠주는 일도 했다고 했다. '위안소'가 부대 바로 옆에 있고 부대는 성벽으로 둘러싸여 있어서 여성들이 도망가는 것은 엄두도 못 낼 상황이었다고 증언했다.

네모토 조주라는 일본인은 전쟁 중에 겪고 본 '위안소'에 대해 증언했다(그 증언은 김준기 감독의 애니메이션 '못다 한 이야기'로 제작되기도 했다). 일본군으로 참전했던 그는 중국에 주둔한 그의 부대에 '위안소'가 있어서 군인들이 유흥의 목적으로 그곳을 방문했다는 사실과, 일본 군인들이 현지 여성에 대한 성폭력을 가했던 모습 등을 증언했다.

일본 군인들의 증언은 '위안부' 피해자들의 증언이 조작이며 가짜라고 주장하는 역사 부정론자들에게 부인할 수 없는 증거가 된다.

요시미는 역사 부정론자들이 대표적으로 내세우는 논리, 즉 '위안부'는 성노예가 아니라 공창제도하에 일한 성매매 여성이었고 좋은 대우를 받았다는 주장에 대해 조목조목 반박한다. 먼저 그들이 거론하는 공창제 역시, 거기에 속한 여성 대부분이 본인의 의사는 무시된 채 인신매매되었고 선금에 얽매여 일해야 했던 성노예 피해자였다. 여성의 권리를 위한 규정이 있었으나 실제로 그것을 알고 실행할 수 있는 사람은 없었다. 더욱이 '위안부'의 경우 거주의 자유, 폐업의 권리도 없었다. 역사 부정론자들은 '위안부'의 수입이 높았고 그들이 좋은 대우를 받았다고 주장하면서 미 전시정보국의 일본인 포로 심문보고서 49호에 기록된 '위안부'의 '급여' 액수가 높았다는 것을 근거로 든다. 그러나 그들은 여기에서 거론되는 급여가 전쟁 중 버마에서 일본의 남방개발금고가 자체적으로 발행한 군표를 뜻한다는 점은 의도적으로 빼놓고 이야기한다. 전시 인플레이션 등 당시 정황을 살펴보면 여성들이 받은 군표는 실제 돈의 가치가 없었음을 알 수 있다. 군표를 받아 운영업자에게 그대로 다시 갖다주었다고 증언한 피해자들도 있고, 군표를 받았더라도 감금 생활을 하던 여성들에게는 그것을 쓸 곳이 없었다. 더욱이 전쟁 후 군표는 휴지조각이나 마찬가지였다. 역사 부정론자들은 이 보고서에 '위안부' 운영업자가 식료품 등 물품대금을 '위안부'에게 요구했기 때문에 그녀들의 생활이 곤란했다고 기술된 것 역시 의도적으로 언급하지 않는다. 이처럼 '위안부' 여성들이 좋은 대우를 받았다는 것은 철저하게 군인들의 시각에서 바라본, 시대적 정황을 무시한 왜곡된 주장이다.

4. 생존자의 증언은 신뢰할 수 있는가?

생존자들은 70~80여 년 전의 일을 다 기억할 수 있을까? 그들의 기억에서 왜곡이나 거짓은 없을까? 우리는 그들의 증언을 어디까지 신뢰할 수 있을까?

역사 부정론자들이 흔히 주장하는 것 중 하나가 피해자들의 증언이 자주 바뀌며 신뢰성이 떨어진다는 것이다. 생존자들의 증언이 중요한 입증의 근거로 활용되고 있는 상황에서 과연 그들의 증언을 어디까지 신뢰할 수 있을 것인가? 사건이 일어난 뒤 50여 년이 지나서 증언하는 피해자들의 기억을 어디까지 믿을 수 있을까?

예를 들어, 역사 부정론자들은 한 피해자가 처음에는 민간인 업자에 의해 연행되었다고 했다가 이후에 그 사람이 경찰 제복을 입었다는 식으로 말을 바꾼다며 증언의 신뢰도에 의문을 제기한다. 이는 이용수 할머니의 증언에 대한 지적인데, 그 증언 내용을 자세히 보면, 그녀를 끌고 간 일본 사람이 국민복에 전투모를 썼다는 내용이 처음부터 있었다. 그리고 그보다는 끌려갈 당시 그녀의 나이가 16세에 불과했다는 것, 즉 끌고 간 사람이 민간인이든 경찰이든지 간에 이는 미성년자 유괴에 해당한다는 점에 더 주목해야 할 것이다. 증언에 대한 검증과 비판은 필요하지만, 검증을 거친 증언은 중요한 사료로 취급되어야 한다.

　필자가 뉴욕의 '위안부' 관련 프로그램에서 가르친 학생들에게 피해자 증언의 진위를 의심하는 주장이 있다고 소개했을 때, 이 사안에 대해 한일 간의 외교·정치적 이해관계나 국가주의적인 시각으로부터 자유로운, 말하자면 중립의 위치에서 이 역사를 배운 미국 학생들의 의견은 한결같았다. '피해자들이 오랜 세월을 지내면서 기억이 흐려졌을 수도 있지만 그들의 이야기가 일관된다는 점이 중요하다, 그들의 구체적인 경험담은 누가 의도적으로 지어내려고 해도 할 수 없는 진실이라고밖에는 볼 수 없다'는 것이다.

　게다가 증언과 더불어 각종 문서 자료와 정황 증거로 '위안부' 역사의 진실은 이미 많이 밝혀진 바 있다. 이를 부정하려는 이들이 애써 가리고 왜곡시키려 할수록 그들 스스로가 주장의 근거가 없음을 드러낼 뿐이다. '위안부' 피해자들의 증언은 그 역사적 진실을 더 풍부하고 생생하게 구체적으로 보여주는 귀중한 일차 자료의 역할을 한다. 미국의 일본사 연구자인 알렉시스 더든(Alexis Dudden)이 강조하듯이 증언뿐 아니라 피해자들이 '위안소'에 있을 때 들었던 노래, 그들이 미술치료를 통해 그린 그림이나 여러 형태로 표현한 기억 등은 검증을 거친다면 창의적인 방법으로 다양한 형태의 역사 자료를 수집하고 활용할 수 있다.

　무엇보다 중요한 것은 피해자들의 삶 자체가 전쟁이 평범한 사람들의 인생에 어떻게 상처를 남겼는지를 보여주는 생생한 역사이며 이야기라는 점이다.

2장

피해자들은 왜
바로 나서지 못했나?

(해방 후~1990년)

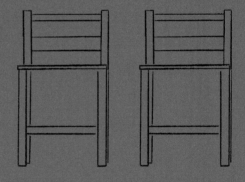

'위안부'로 끌려간 여성들은 몇 달 내지는 몇 년을 '위안소'에 갇혀 고통받았다. 전쟁이 끝난 후 겨우 살아남아서도 고향으로 돌아오는 길은 멀고도 험했다. 그런데 집으로 돌아왔다고 해도 그 것으로 끝이 아니었다. 피해자들은 왜 몇십 년 동안을 침묵 속에 살았을까? 전쟁 후에 그들은 어떻게 살았을까? 이제까지 크게 주목하지 않았던 피해자들이 침묵 속에 있던 기간에 대해 살 펴보려 한다.

1. 집으로 돌아오는 멀고 험한 길

'위안부'들은 전장 혹은 그 부근의 군대 주둔지에 감금되어 있었으므로 전쟁에 나간 군인들과 같이 폭격과 같은 전쟁터에서의 위험에 그대로 노출되어 있었다. 많은 여성들이 공습 외에도 일본군에 의해 살해되거나 도망치다가, 혹은 풍토병에 걸려 현지에서 사망했다. 생존자들은 사망한 '위안부' 여성들이 제대로 매장되지도 못한 채 길에 버려지는 경우가 허다했다고 증언했다. 이런 사정 때문에 '위안부' 여성들의 90퍼센트가 전쟁터에서 살아 돌아오지 못한 것으로 추정된다.

겨우 살아남은 경우에도 생존자들이 집으로 돌아가는 길은 멀고 험했다. 일본군은 퇴각하면서 여성들을 집단 살해하기도 했고, 업주들은 피해 여성들을 버려둔 채 떠나 버리기도 했다. 말도 문화도 다른 타지에 남겨진 피해 여성들에게는 생계 수단이 없었고, 고향으로 돌아가는 교통수단을 구하는 것이 쉽지 않았다. 남서태평양 지역으로 끌려간 여성의 경우 배를 타야만 한국으로 돌아올 수 있었다. 그러나 해방 직후에는 일본군이 발행한 도항 증명서가 있어야 했고, 이후에는 유엔군을 통해야만 승선이 가능했으므로 고국으로 귀국하는 것 자체가 간단치 않았다. 버마에 있던 '위안부'들의 경우 전쟁이 끝날 때까지도 집으로 돌아가지 못하다가 연합군 포로가되어 태국과 인도의 수용소 생활을 거친 후 가까스로 해방된 한국으로 돌아오는 배를 타고 귀환할 수 있었다. 겨우 수송선에 탔다가 수송선이 침몰해서 사망한 경우도 있었다. 경상북도 지역에서 동원되어 만주에 가 있던한 피해자는 '위안소'에서 일해주던 중국 사람이 준 다 떨어진 옷과 신발을신고 두 달 동안 걸어서 집에 도착할 수 있었다.

일부 피해자의 경우, 고국에 돌아갈 현실적인 방법이 막막해서, 혹은 차마 고향에 돌아가 가족과 친지들의 얼굴을 마주할 자신이 없어서 끌려갔던 나라에 그대로 남아 정착하기도 했다.

전쟁이 끝나갈 무렵 중국 송산에서 연합군에 생포된 조선인 '위안부' 여성들(1944.9.3.). 사진 속 임신한 여성은 북한의생존자 박영심 할머니라는 것이 나중에 확인되었다.
출처 : 미국 국립문서기록관리청, 사진번호 111-SC-230147

2. 끝나지 않은 문제들

힘들게 귀환한 경우에도 '위안부' 피해자들의 인생은 이전으로부터 영원히 바뀌었다. 같은 피해자들이라고 해도 그들이 고향에 돌아왔을 때의 상황, 혹은 고향으로 돌아오지 못하고 타지를 떠돌게 된 처지, 경제적·사회적 조건, 개개인의 성향 등에 따라 각각이 처한 상황은 무척 다양했다. 그러나 공통적으로 발견되는 것은 정신적, 육체적 후유증이다. 성병이나 불임, '위안소'에서 당한 폭력과 고문으로 인한 부상의 상처, 성병을 치료하거나 임신한 여성을 강제로 낙태한다며 행한 수술이나 약물 오남용으로 인한 후유증이 남은 경우가 허다했다. 경제적으로 힘든 경우가 많았고 곧이어 발발한 한국전쟁으로 그 어려움은 더해졌다.

여러 피해자들이 증언하러 나서기까지 가장 압도적으로 느낀 감정은 두려움이었다. 식민지 조선에서 끌려간 피해자들은 특히 일본의 식민통치를 몸소 경험하며 자라다가 어린 나이에 강제 동원된 경우가 많았다. 생존자들이 가까스로 탈출하거나 혹은 해방되어 고향으로 돌아온 후에도 한

동안 일본군이 따라오거나 보복하지 않을까 하는 두려움을 느끼며 불안함 속에 살았다는 것이 크게 놀랍지 않다. 피해자들이 어려서부터 경험한 일제의 강압적인 식민통치와 어린 나이에 경찰, 관원 등 사회에서 권위 있는 남성들에 의해 속거나 강제로 끌려간 사정도 이들이 두려움을 느낀 원인이 되었다.

김순덕, 끌려감(1995)
'위안부' 피해자였던 김순덕 할머니가 그림치료 수업 중 그린 작품으로, 강제로 끌려가던 어린 소녀의 두려움과 공포가 잘 드러난다. 이 그림을 비롯한 할머니들의 그림, 증언 등의 자료는 2013년 국가지정기록물로 지정되었다.
자료 제공 : 나눔의 집·일본군 '위안부' 역사관

강덕경, 책임자를 처벌하라 - 평화를 위하여(1995)
또 다른 피해자 강덕경 할머니의 작품으로, 수많은 여성들에게 피해를 주고도 처벌받지 않은 가해자들을 향한 분노와 문제 해결의 염원을 담았다. 자료 제공 : 나눔의 집·일본군 '위안부' 역사관

김순덕, 못다핀 꽃(1995)
한창 미래를 꿈꾸던 어린 나이에 '위안부' 피해자가 되어 상처를 입은 소녀의 심정이 피다 만 꽃봉오리로 묘사되었다.
자료 제공 : 나눔의 집·일본군 '위안부' 역사관

2장. 피해자들은 왜 바로 나서지 못했나?

최초로 '위안부' 피해를 공개 증언했던 김학순 할머니는 오랜 시간 동안 증언하러 나서지 못한 것에 대해 이렇게 말한 적이 있다.

"내가 이제 나이가 이만치나 먹고 제일 무서운 것은 일본 사람들이 사람 죽이는 거, 제일 그걸 내가 떨었거든. 언제나 하도 여러 번 봤기 때문에 너무 많이 봤기 때문에 끌려가서도 봤지만도 사람 죽이는 걸 너무 많이 봤고 그렇기 때문에 젊어서는 사실 무서워서 (말하고 싶어도 하지 못했어)."

"(일본이 나를) 죽인다는 게 무서워서 젊어서는 사실 하고 싶어도 말을 못했어. 그랬는데 나이가 들고 나니까, 아무리 생각해도 분하고 원통해서 죽갔어."(뉴스타파 목격자들 인터뷰, 1997.7.)

이용수 할머니 또한 '위안소'로부터 돌아온 후에도 한참 동안 그런 일이 왜, 어떻게 해서 일어났는지 이해하지 못했고 누군가 찾아와 다시 잡아갈까봐 두려움 때문에 골방에서 혼자 보냈다고 이야기했다.

미국의 여성운동가인 수잔 브라운밀러(Susan Brownmiller)는 성적인 학대, 폭력을 당한 피해자들이 겪은 트라우마는 자신의 몸에 대한 자율성을 잃었다는 상실감과 육체적 침해에 대한 좌절감, 가장 사적이고 은밀한 성적인 관계에서 동의하지 않는 강제된 폭력을 당한 잔인성 때문에 나타난다고 설명했다. 극심한 성적 폭력을 당한 '위안부' 피해자들 중 여러 명이 자살을 시도한 것은 이런 맥락에서 이해할 수 있다.

'위안부' 생존자들이 여러 심리적 고통을 겪은 것은 당연한 결과였다. 정신의학자 민성길 교수가 2004년에 '위안부' 생존자들 26명의 정신건강을 검사한 결과 전원에게서 한때 '외상 후 스트레스 장애'(PTSD)가 나타났는

데, 주요 증상은 화병, 강박증, 환청, 환각, 히스테리, 우울증 등이었다.

성범죄 피해자들이 자기 폄하와 자책감, 사회적 낙인에 대한 두려움을 가지는 것은 흔한 후유증이다. 배족간 할머니는 자신이 겪은 '위안부' 피해가 다 전생의 죄와 업보 때문이라고 말하기도 했다. 같이 돌아오지 못한 다른 피해자들에 대한 미안함으로 죄책감을 가진 피해자들도 있었다. 이옥선 할머니는 대구에서 중국으로 끌려가 2년여 동안 '위안부' 생활을 하고 유엔군의 도움으로 가까스로 고향으로 돌아왔다. 그러나 같이 끌려간 친구의 생사를 알 수 없어서 죄책감에 시달리고 이 때문에 수년 동안 전국을 떠돌았다고 한다.

생존자들이 피해자임에도 유독 오랫동안 죄책감을 가지고 살았던 것은 당시 사회적 분위기의 탓이 컸다. 남성에게는 적용되지 않지만 여성에게는 성적 순결을 요구하는 이중적인 규범과 가부장제 문화는 그들이 피해를 입은 일제강점기에는 물론 해방 후에도 계속 남아있었기 때문이다. 이 때문에 대부분의 피해자들이 40년 이상 피해 사실을 숨기고 살았다. 가족에게도, 이후에 결혼한 남편이나 자식에게 숨기고 산 경우도 많았다.

그런데 '위안부' 피해자들에게 편견 어린 시선을 보냄으로써 또 다른 상처를 주는 일은 반세기 전의 일만은 아니다. 뉴욕에서 '위안부' 문제에 대한 특별 프로그램의 일환으로 미국 대학생들이 생존자 할머니들과 화상 인터뷰를 진행할 때였다. 한 할머니가 처음 증언했을 때의 상황을 학생들에게 이야기해 주었다. 가족에게도 피해 사실을 숨겨 왔던 할머니는 수요집회 현장에 나갔다가 우연히 방송국 기자와 인터뷰를 하게 되었고 자신도 피해자였음을 밝히게 되었다고 한다. 그런데 나중에 그 방송을 보게 된 자식들 중 하나가 부끄럽다고 하면서 연락을 끊었다는 것이다. 이 이야기를 듣고 인터뷰를 진행하던 학생들은 무척 안타까워했다.

천주교의 문화가 강한 필리핀에서도 이런 사정은 비슷했다. 필리핀 피해자 나르시사 클라베리아 할머니는 전쟁이 끝난 후 50년이 지나서야 가족과 자녀들에게 '위안부' 피해 사실을 말하게 되었는데, 자녀들이 엄마의 과거를 부끄러워하며 수년 동안 연락을 끊었다고 한다.

2012년 필리핀 케손시의 한 대학에서 열린 행사에 참석한 필리핀 '위안부' 생존자 할머니들. 맨 왼쪽이 나르시사 할머니이다. 그 옆으로 필라 프리아스(Pilar Frias), 버지니아 빌라르마(Virginia Villarma) 할머니.
사진제공 : 리차드 제이콥 누니스-다이(Richard Jacob Nuñez-Dy)

피해자들이 선뜻 증언의 자리로 나서기 힘들었던 1990년 당시 사회 분위기와 시선은 때로는 '위안부' 문제를 지원하는 단체들의 자료에서도 엿볼 수 있다. 여성학자 김정란이 지적하듯이 1990년대 '위안부' 관련 자료집과 성명서에서는 조선 여성의 순결성을 강조하면서, 순결한 여성들을 강제로 끌고 간 일제의 잔악성을 비판하는 내용이 두드러졌기 때문이다.

1990년대 후반에 가서야 성폭력이 범죄로, 피해 여성은 비난의 대상이 아닌 피해 당사자로 인정하는 세계적인 변화가 나타났다. 이러한 변화가 있기까지 피해자들이 얼마나 오랜 시간 동안 혼자서 그 상처를 되새기고 있어야 했을지 감히 짐작하기 힘들다.

피해자들은 이런 신체적, 정신적, 사회적 좌절감과 상처가 쌓여서 분노와 한을 품게 되었다. 김학순 할머니는 증언을 하기 시작한 후에도 또래의 할머니를 보면 '저 여자의 삶은 어땠을까, 나 같지는 않았겠지.'라고 생각하곤 한다고 말했다. 이렇듯 결혼해서 자식을 낳고 사는 평범한 삶을 살지 못한 안타까움을 표현한 피해자들이 많았다. 할머니들은 공통적으로 정상적인 결혼을 하지 못한 한과 가난한 집 딸이었다는 데 대한 아쉬움과 원망을 가지고 있었다. 나라가 약하니 끌려갔고 나라가 우리를 외면했다는 나라에 대한 원망과 다시 태어나고 싶다는 바람을 말하기도 했다.

한국인 피해자들의 경우 특히 나라에 대한 원망과 좌절감도 자주 표출한다. 식민지 시절 그들을 지켜줄 나라가 없었기 때문에 '위안부' 피해를 입었다는 것이다. 배족간 할머니는 '한국이 약해서 '위안부' 피해를 입은 것이기 때문에 원망할 대상이 있다면 내 나라다, 나라가 강했다면 그런 일은 있지 않았을 것'이라고 말했다. 김화선 할머니 역시 비슷한 심정을 표현했다.

"나라를 위해서 이렇게 된 여자니께. 그때 나라가 없어서 잡혀갔지, 그냥 내가 잡혀가? 나라를 못 세워놨으니께. (중략) 그래 가지고 그냥 끌려가. 그러니께 잘못이 나라에도 있는 거야…."(김화선 증언, 《기억으로 다시 쓰는 역사》, 2001)

3. 증언의 시작

　이처럼 '위안부' 생존자들에게는 피해 사실을 밝히는 것조차 쉽지 않았다. 40년 이상의 세월이 지나서야 증언자의 자리로 나설 수 있었고, 그 후에도 피해 사실을 공개적으로 밝히기를 꺼리는 경우도 여전히 있었다. 그래서 1991년 김학순 할머니가 한 최초의 증언은 더더욱 용기 있는 결정이었으며, 그 이후 여러 피해자가 피해를 말할 용기를 냈다는 점에서 '위안부' 운동의 중요한 전환점을 마련한 사건이었다. 여기에는 민주화운동과 여성운동이 발전함에 따라 비로소 피해자들의 이야기를 '들을 준비'가 된 한국의 사회 분위기가 배경이 되었다. 이런 사회적 변화를 통해 피해자들은 오랜 죄책감으로부터 벗어나 자신들이 죄인이 아니고 피해자라는 '인식의 전환'을 함으로써 비로소 증언의 자리에 나올 수 있었다. 생존자들은 언론 보도와 피해자 증언을 보고 내게만 일어난 일이 아니라는 것, 내 잘못이 아니었다는 것, 이제 나서서 이야기하면 사람들이 들어준다는 것을 보고 증언하기로 결심했다고 밝혔다.

　김윤심 할머니는 "부끄러운 건 우리가 아니고 너희다."라는 말로 이런 심정을 표현했다. 김순악 할머니 역시 방송에 나온 훈 할머니(캄보디아에 끌려 갔던 '위안부' 피해자)를 보고 이렇게 생각했다고 한다. "어느 날 텔레비전에서 훈 할매가 들어오는데 가슴을 치겠더라고. 아, 저런 사람도 다 사는데 싶어. '위안부', 옆구리 찢어지고, 칼 맞고…. 내 혼자 알고 있는 이야기지. 나는 어디다 이야기해야 하나 마음 졸이는데…. 일본군 '위안부'라고 당당하게 말해도 이것은 내 죄가 아니구나 하고 깨닫게 되었지." 길원옥 할머니도 처음에는 피해 사실에 대해서 '제 얼굴에 침을 뱉는' 것 같아서 숨겼지만 나중에는 '이건 아니로구나. 내가 부끄러운 게 아니라 일본 정부가 부끄러워해야 하는구나.'라는 생각을 했다고 한다. 이렇게 수십 년 동안 피해자임을 숨기고 살다가 기억이 잊혀질까 봐 뒤늦게 피해자임을 신고하고 증언을 시작하게 된 사정은 필리핀에서도 비슷하게 나타났다.

'위안부' 피해자들의 증언은 개인적인 변화나 치유를 넘어서 역사, 사회적으로도 큰 의미가 있다. 미국 연방하원 '위안부' 결의안(H.Res.121)의 제안자였던 마이크 혼다(Mike Honda) 의원이 언급했듯이 김학순 할머니의 첫 증언은 '위안부' 운동에서 매우 중요한 역할을 했다. 김학순 할머니가 수십만 명의 피해자를 대표해 처음으로 증언함으로써 '위안부' 문제에 대한 인식을 높였으며 이 사안이 여성인권 운동으로 이어지는 큰 변화가 뒤따랐기 때문이다. 오랫동안 침묵 속에 있던 피해자들에게 필요했던 것은 그들의 경험과 믿음에 대한 확신이었던 셈이다. 용기 있는 생존자들의 증언으로 인해, 서류와 흐릿한 기억 속에만 존재하던 '위안부' 제도는 실재하는 역사로서 조명받게 되었다.

사회 정의 문제를 연구하는 미국의 법학자 에릭 야마모토는 사회 정의의 문제들에 대해 '정의를 통한 사회적 치유(Social Healing Through Justice)'의 개념을 고안했다. 이 이론에 따르면 사회 정의가 필요한 사안에 대해 사회적 치유 정도를 4가지의 척도로 평가할 수 있는데, 소위 4R이라고 하는 '인정(recognition), 책임(responsibility), 복원(reconstruction), 배상/보상(reparation)'이 그것이다. 인정은 개인이 속한 집단적 정체성 때문에 겪는 차별 등을 주목하는 것, 책임은 권력의 남용으로 일어난 피해에 대해 책임을 받아들이는 것, 복원은 사과와 용서로 새로운 관계를 형성하는 것, 그리고 배상/보상은 배상과 더불어 피해와 관련한 문화 사업, 피해자에 대한 의료, 법적, 교육적 지원 등을 뜻한다.

야마모토의 연구는 가해자가 취해야 할 조치에 초점을 맞춘 것이지만, 우리 사회 전체가 '위안부' 문제에 대해 가져야 할 관점이라는 차원에서도 시사하는 바가 크다.

'위안부' 생존자들은 자신들의 피해를 몇십 년 동안 숨기고 살아오다가 증언자로 나서게 되었다. 이런 피해 사실이 잔악한 범죄였음이 인정되고 사회적으로 받아들여지는 과정 자체가 그들에게는 정체성의 전환이자 치유의 출발점이었다(인정). 이에 생존자들은 '인권운동가'라는 새로운 정체성을 입게 되었다. 김순악 할머니는 2000년 11월 일본군 '위안부' 피해자 생활 지원의 대상자 결정통지서를 액자에 넣어 보고 또 본다고 했다. 그것은 할머니에게 '나라에서 나를 '위안부' 피해자라고 인정해준 것이다. 내 잘못이 아니라고 이야기해 준 것'이라는 의미였다. 이처럼 피해자들에게 피해를 인정받는 과정은 그들의 인권과 명예의 회복 과정(복원)이기도 했다. 이용수 할머니는 일본이 여성들을 강제로 끌고 간 것을 인정하고 진정한 사과를 하여, 자신이 '위안부'나 '성노예'가 아닌 인간 이용수라는 이름을 회복하는 것이 진정한 명예 회복이 될 것이라고 말하기도 했다(책임, 복원). 물론 이 모든 치유 과정은 일본 정부가 온전하고 공식적인 사과와 후속 조치를 할 때 완성될 것임은 자명하다(복원, 배상/보상). 피해 생존자들은 이미 그 치유를 위한 노력과 행동을 해왔으며, 가해국인 일본은 이제라도 거기에 맞는 조치를 취해야 할 것이다.

'위안부' 피해자들의 이야기를 들을 때 또 하나 기억해야 할 것은 그들이 증언하러 나오기까지의 과정과 배경, 현재의 조건 역시 제각각이라는 점이다. 피해자들 중에는 가족 때문에 쉽사리 공개적으로 증언하지 못한 경우도 있고, 경제적인 상황의 차이 때문에 배상금에 대한 의견이 다른 경우도 있었다. 그들 각각의 사정이 다른 것은 지극히 당연하다. 그 차이를 인정하고 피해자들의 이야기에 더 귀를 기울이려는 노력이 필요하다.

3장

1990년대 '위안부' 운동의 시작

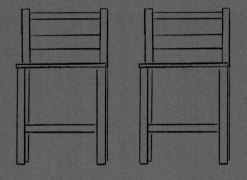

1991년 '위안부' 피해자들의 증언이 시작되었고 한국에서 가장 먼저 '위안부' 문제가 사회 운동으로 발전하게 되었다. 이 장에서는 제2차 세계대전 종전 후 '위안부' 문제가 어느 정도 알려졌으며 어떻게 인식되었는지 살필 것이다. 이어서 1990년대 '위안부' 문제가 시작된 정황과 '위안부' 운동의 발전에 대해 서술하고자 한다.

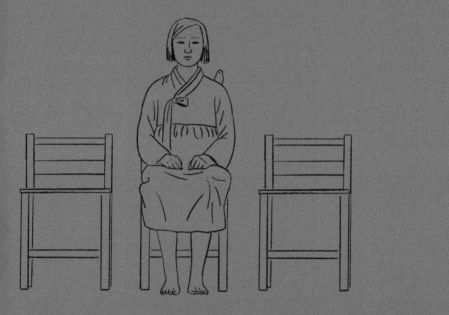

1. 왜 '위안부' 문제는 전후 전범재판에서 빠졌는가?

'위안부' 피해자들이 해방 후 50여 년이나 지나 증언하게 된 정황을 보다 보면 한 가지 의문이 생긴다. 제2차 세계대전이 끝난 후 전후 처리와 전범재판 과정에서 어떻게 해서 '위안부' 문제가 거론되거나 관련자들이 처벌되지 않았는가 하는 것이다.

제2차 세계대전의 승전국인 연합국이 전후처리를 하는 과정에서 일본이 저지른 전쟁범죄에 대해서는 극동국제군사재판, 소위 도쿄전범재판을 통해 재판과 처벌이 이루어졌다. 재판은 1946년부터 2년 반 동안 진행되었으며 그 과정에서 일본군이 저지른 연합군과 민간인을 대상으로 한 강간, 살해, 잔학 행위 등 여러 사실이 밝혀졌다. 그런데 '위안소' 제도는 전례 없이 잔인하고 비인간적인 인권 유린이었음에도 재판 과정에서 제대로 다루어진 적이 없었다. 연합군이 '위안부'에 대해 알지 못해서였을까? 그것은 아니다. 연합군이 전쟁 중 심리전과 전쟁포로 조사 과정에서 '위안부' 제도에 대한 다양한 정보를 가지고 있었다는 것이 문서 자료에 남아있다. 그중 몇 가지 사례를 소개하고자 한다.

1) 연합군의 '위안부' 제도에 대한 보고서

연합군 번역통역부(ATIS) 보고서

연합군 번역통역부(Allied Translator and Interpreter Section, ATIS)는 미군과 호주군의 연합 조직으로 필리핀을 포함한 남서태평양 지역에서 작전을 수행했다. 주요 임무는 적군으로부터 노획한 문서들을 번역하고 일본군 포로를 심문, 분석한 보고서를 작성, 발간, 배포하는 것이었다. 번역통역부는 남태평양과 필리핀의 '위안부'와 '위안소' 정보를 수집했으며, 이 부서가 작성한 보고서 중에 '위안부'의 인적 구성이 표기된 문서는 총 35건이었다. '위안소' 제도에 관련된 내용이 포함된 보고서 숫자는 더 많다.

번역통역부가 1945년 당시 버마에서 획득한 일본군의 문서를 통해 일본군의 '위안소' 관리 현황과 마닐라의 '위안소' 운영 규정을 밝힌 것은 중요한 증거자료로 남아있다.

번역통역부 심문보고서 395호(1944.9.10.)는 전쟁 포로로 잡힌 오키나와 출신의 일본군 군의관을 조사한 후 진행한 보고서이다. 그는 파푸아뉴기니 지역의 뉴브리튼섬 서쪽의 탈라시(Talasea)에서 생포되었다. 뉴브리튼섬은 1942년 1월 일본에 점령되었다가 1943년 2월 연합군이 탈환한 곳이다. 뉴브리튼섬에는 일본군 점령 당시 그 섬에서 가장 큰 도시인 라바울을 중심으로 20여 곳의 일본군 '위안소'가 존재했던 것으로 알려져 있다. 이 군의관은 필리핀 마닐라에 일본군이 관리하는 곳을 포함해 '위안소' 10여 곳이 있고 라바울에도 4~5개의 '위안소'가 있으며 거기에 조선인 여성들도 있었다고 진술했다.

번역통역부 조사보고서(ATIS Research Report) 120호(1945.11.15.)는 연

합국 측에서 만든 '위안부' 관련 자료로, 이제까지 발굴된 연합군 자료 중 가장 자세하고 방대한 내용을 담고 있다. 조사보고서의 형태로 작성되어 당시 최고사령관까지 보고된 비중 있는 문서로 1945년 2월에 처음 작성되었고 그것을 보충한 두 번째 판본이 같은 해 11월에 나왔다. 이 보고서는 포로 진술과 연합군이 획득한 일본군 문서를 통하여 '위안소'의 규정이나 버마, 수마트라, 남서태평양 지역의 '위안소' 현황에 대한 정보를 종합적으로 보고했는데, 일본군과 경찰이 생산한 마닐라 '위안소' 운영에 관련된 일본 문서를 영어로 번역해 첨부하기도 했다.

미국 전략사무국(OSS) 문서

OSS(Office of Strategic Services)는 제2차 세계대전 동안 세워진 미국의 전략사무국으로 전쟁 후 1947년에 개편된 CIA(Central Intelligence Agency, 중앙정보국)의 전신이다. OSS의 '쿤밍 전쟁포로 수용소의 조선과 일본인 포로들'(1945.4.28.)이라는 문서는 쿤밍 포로수용소에 수용된 조선인 포로들에 대한 내용을 담고 있다. 25명의 조선인 포로 중 23명이 여성이며, 이들은 '분명한 강요와 거짓을 통해 '위안부'가 되었다.'고 명시하였다. 그 중 15명은 조선어로 된 신문에서 싱가포르에 있는 일본 공장에서 일할 여성을 구한다는 광고를 통해 모집되었다고 했으며, 그들이 속했던 남방파견대에는 이런 식으로 사기당한 여성이 적어도 300명이 있었다는 구체적인 내용을 담고 있다.

미국 전시정보국(OWI) 심리전 팀 심문보고서

OWI(Office of War Information)은 미국 정부가 제2차 세계대전 중인 1942년부터 1945년까지 운영한 정보 기관으로, 주로 전쟁 중 심리전과 선전 활동을 담당했다. 전시정보국은 미국 국내외의 전시 선전을 담당했지만 버마에서는 예외적으로 심리전 팀(Psychological Warfare Division)을 만들고 일본군 포로 심문을 담당했다.

심리전 팀 보고서는 전쟁터에서 일본군의 심리적 상태에 대한 정보를 최대한 많이 얻기 위한 목적으로 작성된 것으로, 가장 큰 목적은 일본군 전쟁포로를 심문하여 일본군의 심리를 분석해서 일본이 어떤 조건에서 항복할 것인지를 알아내는 것이었다. 이 정보를 전시정보국 본부로 보내 그 내용을 심리학자, 인류학자들이 분석하도록 하고, 군 당국은 그 자료를 일본인들이 항복하도록 설득하는 선전 전단지를 작성하는 데 활용했다.

전시정보국은 이미 '위안부'의 존재와 관련된 상황들을 알고 있었지만, 심문보고서 49호(1944.10.1.)는 특히 버마 북부의 미치나(Myitkyina) 지역에서 포로가 된 한국인 '위안부' 20명을 직접 심문하여 보고했다는 점에서 중요한 자료이다. 원문에는 조사대상을 '20명의 조선인 '위안부' 소녀들(20 Korean Comfort girls)'이라고 명시하고 있다. 최일선 전장에서 젊은 여성 20명이 적군 포로로 잡힌 것은 특이 상황이었고, 연합군은 전담 심문관을 배치하고 자세한 심문보고서를 작성하게 했다. 포로의 심문과 추가 조사에 40여 일이 걸렸던 것으로 보이며, 심문 대상에는 20명의 조선인 여성뿐 아니라 함께 잡힌 2명의 일본인 '위안소' 업주 부부도 있었다. 심문 조사관은 '니세이(Nisei, 일본계 미국인 2세)' 출신의 군인이었고, 조선인 여성들을 심문하는 과정은 아마도 일본인 업주의 통역이나 중재를 통해 이루어졌을 가능성이 크다. 황병주는 이 문서에 조선인 여성들이 '유치하다'거나 '전쟁 중의 물자 부족을 느끼지 못하고 살았다'고 평하는 등 보고자인 알렉스 요리치(Alex Yorichi)의 주관적 편견이 가득하다고 비판한다. 심문 조사관이 조선인 여성들과 언어가 달라서 직접 소통하지 못하고 일본인 업주들을 통해 대화했을 가능성이 크기 때문에 이로 인한 한계도 분명하다. 그럼에도 불구하고 이 보고서를 통해 전쟁 중 미군이 '위안부' 여성들의 동원 과정에서부터 '위안소' 설치 경위, 운영에 대한 정보와 거기에 있던 여성들에 대한 신상 정보 등을 확보했음을 알 수 있다.

버마 미치나 지역에서 생포된 '위안부' 여성들과 그들을 관리, 심문한 미군 챈 대위(1944.8.14.).
출처 : 미국 국립문서기록관리청(National Archives and Records Administration, 약칭 NARA), 사진번호 111-SC-262579

오키나와 자마미섬 임시수용소에 수용되었던 조선인 '위안부' 여성들을 미 해군 병사가 촬영한 사진. 원본 사진 설명에 '게이샤 여성들'이라고 표현한 것이 눈에 띈다(1945.5.18.).
출처 : 미국 국립문서기록관리청, 사진번호 80-G-345373

동남아시아 번역통역부(SEATIC) 보고서

동남아시아 번역통역부(South-East Asia Translation and Interrogation Center, SEATIC)는 연합군 번역통역부(ATIS)와 유사한 조직으로, 남서태평양 사령부 소속의 심리전, 포로 심문 전담 조직이었다.

동남아시아 번역통역부 심리전 팀의 심문회보 제2호(Interrogation Bulletin No. 2, 1944.11.30.)는 이미 확보된 포로 심문보고서에 근거해서 작성된 2차 보고서였다. 이 보고서는 미치나의 일본군 수비대장인 마루야마 대좌에 대한 정보와 함께 미치나 '위안소'에 대한 정보를 담았고, 부근의 '위안소'별 '위안부' 숫자와 국적도 포함했다. '위안부'들이 쉽게 귀환할 수 없었던 사정이나 후퇴 중 중국인 '위안부'들이 중국군에 자수한 사실, '위안부' 중 일부는 이동 중 사망했고 때로는 일본군으로 오인되어 사살되었다는 사실 등을 기록했다.

네덜란드군 정보국(NEFIS) 보고서

네덜란드군 정보국(NEFIS) 보고서(1590~1630) 합본(1945.5.5.)을 포함해서 네덜란드군이 만든 여러 문서에 '위안소'의 상황이 담겨있다. 네덜란드군 정보국은 전쟁 중 피난한 현지인들을 심문한 결과 일본군이 트르나테(Ternate)섬을 점령한 직후 '위안부'를 징집, 배치하는 센터를 설치했으며, 현지인과 중국인, 유럽인을 포함한 여성들을 징집하여 할마헤라(Halmahera)섬, 암본(Ambon)섬 등으로 보냈다는 내용을 기록했다. 현지 여성들은 강제로 동원되었고 미혼 여성만을 대상으로 했기 때문에 섬의 결혼률이 급격하게 올라갔다는 내용이 1945년 5월의 보고서에 담겨있었다.

2) 왜 '위안부' 문제는 전후 처리과정에서 다루어지지 않았나?

1장에서 언급했듯이, 연합군이 전쟁 포로를 포획하고 조사하는 과정에서 '위안소'의 존재와 강제적으로 동원되어 학대당하는 '위안부'의 존재를 기록으로 남긴 것은 일본의 전쟁범죄 사실을 밝히는 강력한 증거로 인용되곤 한다. 동시에 연합군에 이런 정보들이 있었음에도 전후 처리과정에서 왜 '위안부' 문제에 대해 제대로 거론되지 않았는지에 대한 궁금증과 의문이 남는다. 이는 몇 가지의 이유로 설명할 수 있다.

첫째, '위안부' 여성들의 포획이나 거기에서 얻은 정보는 당시 연합군에게 있어서 전략상 중요한 정보로 여겨지지 않았다. 전쟁을 수행 중인 연합군 입장에서 '위안소'에 관련된 내용은 일본군의 심리를 파악하고 그들이 항복하도록 유도하기 위한 이차적인 정보로 취급되었을 것이다. 연합군이 '위안소'와 '위안부'에 대한 상당한 정보를 알고 있었던 정황은 확실하지만, 연합군 내부에서 평가한 정보의 중요도에 대해서는 시각에 따라 의견이 갈린다. 황병주가 설명하듯이 연합군 번역통역부(ATIS) 보고서에서 '위안소' 설치 현황과 '위안소' 규정 등을 자세히 언급하고 있으며 특히 1945년 2월에 나온 보고서를 전쟁이 끝난 후인 1945년 11월에 확대, 보강해서 재발행한 것은 이례적인 일이었다. 이런 점에서 미국은 전범재판에 대비하여 '위안부' 관련 내용을 본격적으로 조사했던 것으로 보인다.

반면 OWI 심리전 팀의 '위안부' 여성 포로 심문보고서에 대해 일본 역사학자인 다나카 유키는 당시 심리전 팀에서 일한 일본계 2세 출신의 통역병 인터뷰에 따르면 연합군으로서도 '위안부' 여성들의 포획은 예상치 못했던 일이었고, 전쟁 상황에서 전략적인 중요성이 높은 정보가 아니었던 만큼 간단한 조사만이 이루어졌을 것이라고 추정한다. 보고서 내용에 따르면 대부분의 여성들이 속아서 '위안부'가 되었다는 내용이 있었고 여성들의 인권침해 사실이 분명하지만, 미국 조사관들이 이를 심각한 문제로 다루지는 않았을 것이라 추정된다.

둘째, 대부분의 피해자들이 아시아 여성이고 백인이나 연합국 시민이 아니었다는 사실이 연합군이 '위안부'에 대한 정보를 알고도 전후처리 과정에서 크게 문제 삼지 않은 중요한 요인이 되었다. 연합군이 포획한 한국, 중국, 인도네시아 여성 '위안부'들의 사진은 이후 영국 문서기록관, 미국 국립문서기록관리청(NARA), 호주 전쟁기념관(War Memorial) 등에서도 발견되었다. 즉, 여러 연합국 정보부서들이 '위안부' 관련 정보를 가지고 있었지만, 이들이 아시아 여성에 대한 일본군의 범죄와 인권침해에 대해 기소하는 데에는 큰 관심이 없었음을 보여준다.

이를 단적으로 보여주는 것이 제2차 세계대전 종전 후 전범재판에서 '위안부'와 관련해 일본군이 기소, 처벌받은 단 두 건의 사례(B급, C급)이다. 하나는 인도네시아에서 강제로 끌려간 35명의 네덜란드 소녀들에 대한 것이고, 다른 하나는 괌에서 끌려간 여성들에 대한 재판이었다. 첫 번째는 백인 여성이 피해자였으며, 두 번째는 미국 국기에 대한 일본군의 모독 행위와 합쳐져 기소가 이루어졌다. 네덜란드 여성의 피해를 조사한 네덜란드군의 경우 인도네시아 현지 여성의 피해 사실에 대해서는 조사도 하지 않았다. 연합국 시민이 직접 받은 피해가 아닌 식민지 및 점령지 여성들의 피해는 그들의 관심사가 아니었던 것이다.

더불어 네덜란드 여성의 피해와 관련해서 열린 바타비아 군사법정에서 밝혀진 사실도 주목할 만하다. 재판 과정에서 일본군이 '위안부' 제도가 국제법 위반으로 전쟁범죄로 기소될 수 있다는 사실을 숙지하고 있었고, 그래서 네덜란드 여성들이 끌려간 '위안소' 폐쇄를 명령했다는 것이 밝혀졌다. 그런데 이런 명령은 유럽인 '위안부'들이 있는 곳에만 내려졌고, 일본인을 제외하고 다른 아시아인 '위안부'에 대해서는 실행되지 않았다.

　요컨대, '위안소' 제도를 실시한 일본군은 물론이고 전범 처리를 담당한 연합국 역시 전쟁 중 '위안부'들의 인권침해 사실을 숙지하고 있었지만 양쪽 다 그것을 백인 여성에 관련해서는 민감하게 적용한 반면 아시아 여성에 대해서는 그렇지 않았음을 알 수 있다. 당시 약소국 혹은 식민지, 점령지로서 힘이 없는 아시아 국가들의 위상과 연합국의 인종주의적인 관점이 복합적으로 작용한 결과였다.

　셋째, 1940년대 당시 국적을 불문하고 군인들이 여성을 대상화하여 바라보는 인식도 중요한 요소였다. 이는 여성의 인권에 대한 인식이 부족했던 당시의 시대상을 반영한다. 다나카는 여성들은 국가와 사람들을 위해 목숨을 바치는 군인들을 위해 편의를 제공해야 한다는 잘못된 인식 때문에 '위안부' 관련 피해가 명백했음에도 그 정보를 처리한 주체인 '남성' 군인들이 여성의 성적인 피해 사실에 대해 민감하지 못했을 것이라고 설명했다.

2. 1990년대 이전까지의 침묵

일본군 전쟁범죄에 대한 전후 보상의 문제는 1990년대에 들어서기 전까지 제기되지 못했다. 이는 독일이 전쟁범죄에 대해 스스로 낱낱이 밝히고 배상, 사죄를 한 것과 여러 면에서 비교되기도 한다. 여성학자 김정란이 설명하듯이, 독일과 달리 일본에 대한 보상 문제 제기가 늦어진 데에는 몇 가지 이유가 있다.

첫째, 전후 질서 재편을 주도한 미국이 독일에 대해서와 달리 일본의 전쟁범죄를 바로잡는 일에 열의를 보이지 않았다는 점이다. 그 가장 큰 배경은 냉전이라는 새로운 세계 질서의 형성이었다. 미국과 소련의 양자 경쟁이 점점 더해지던 냉전 구도에서 미국은 일본을 중요한 우방으로 간주하고 일본과의 협력을 통해 동아시아에서 공산주의 확산을 막는 것을 가장 시급한 과제로 인식했기 때문이다. 그 결과 일왕을 포함한 일본의 지배층, 관료 등은 전쟁 발발과 전쟁범죄에 대해 처벌받지 않았으며 그들의 직위는 거의 그대로 유지되었다.

둘째, 독일과 달리 일본의 주변국, 즉 피해국은 주로 약소국이었다. 연합국은 샌프란시스코 조약 당시 일본의 존립 가능성을 배려하여 전후 배상 요구를 거의 포기했다. 이후 일본이 아시아 국가들과 개별적인 전후처리 조약을 체결하여 배상했으나, 조약의 상대가 되는 아시아 국가들은 대체로 식민지에서 벗어나고 전쟁의 피해로부터 복구하는 것이 시급한 과제였기 때문에 전쟁 중 박해와 전쟁범죄에 대해 본격적으로 조사하거나 정면으로 배상을 청구하여 피해자 배상을 실현하려 한 나라가 없었다. 한국의 경우에는 1965년 한일기본조약 청구권협정으로, 필리핀과 인도네시아 등의 국가들에게는 전쟁 중 피해에 대한 보상이라는 명목으로 일본에서 정부 차원의 자금을 지원했다. 그러나 그 자금이 각각의 피해자들에게 지급되거나 그들의 피해가 일본으로부터 정식 인정된 것은 아니었다.

셋째, 일본의 지식인, 정치인 등 지도자들이 사회 내면으로부터 반성하는 작업을 제대로 하지 못한 것도 주요한 원인이었다.

넷째, 이처럼 오랜 시간 동안 '위안부'에 대한 문제제기가 되지 못한 것은 가해국뿐 아니라 피해국도 이 문제를 간과 혹은 외면했기 때문이었다. 피해가 가장 컸던 한국의 경우, 정부와 사회 지도자들의 책임이 크다. 박정희 정권은 1965년 한일기본조약 당시 부속협정인 청구권협정으로 모든 청구권을 해결하는 것을 조건으로 경제자금을 지원받았다. 당시 한국 사회는 분단과 한국전쟁 이후 초토화된 나라를 복구하는 데 우위를 두었고, 권위주의적, 전체주의적 정권이 이어지면서 한국 정부는 오랫동안 '위안부'를 비롯한 식민지 피해자 문제에 관심을 가지지 않았다.

전후 일본 정부를 대상으로 벌인 한국의 전쟁 희생자, '위안부' 피해자들의 소송이 모두 패소한 근거 역시 1965년 한일 청구권협정에서 모든 문제가 해결되었다는 한일 정부의 입장 때문이었다.

이런 이유들로 인해 '위안부' 문제의 심각성과 잔학함이 밝혀지고 문제제기되는 데에는 반세기에 가까운 시간이 걸렸다. 그동안 세계질서는 빠르게 변화했지만 가장 큰 피해를 입은 한국의 '위안부' 피해자들은 남북한 분단과 한국전쟁, 전후 복구와 경제 발전 등의 급격한 사회 변화에 가려져 음지에서 고통받고 있었다.

3. 1990년대 '위안부' 운동의 시작

1990년대 이전에도 우리 사회가 '위안부'에 대해서 전혀 몰랐던 것은 아니었다. 일제강점기에 동네에서 처녀들이 잡혀간다는 소문은 심심치 않게 들렸고, 전쟁 후에도 '위안부'에 관련된 개인 회고록이나 소설 등이 일본에서 출판된 적도 있었다. 그것이 사회적 문제 제기로 이어져 운동으로 발전한 것은 1990년대 한국에서부터였다. 여성학자 김정란의 설명처럼 그전까지 역사의 수치, 개인적 불행으로 여겨 쉬쉬하며 감추려던 '위안부' 문제는 한국 사회의 민주화, 여성운동의 성장, 그리고 이 문제의 진상을 규명하고자 한 연구자, 활동가들의 개인적 노력이 합쳐져 사회적 차원의 문제 제기와 운동으로 발전하게 되었다.

1990년 영문학자이자 인권운동가인 윤정옥 교수의 주도로 여성단체들이 한국정신대문제대책협의회(약칭 정대협)를 결성했으며, 이후 이 단체가 한국 '위안부' 운동의 구심점이 되었다(정대협은 2018년 정의기억재단과 통합하여 현재 명칭은 '정의기억연대,' 약칭 정의연으로 불린다). 1990년 노태우 대통령의 일본 방문을 앞두고 여성단체들은 한일 간의 자주적이고 대등한 관계 정립을 요구하며 '위안부' 문제를 처음으로 거론하였고, 일본에 이에 대한 진상규명과 사죄를 요구하였다. 그러던 와중에 1991년 국내 최초의 증언자로서 김학순 할머니가 공개적으로 증언을 하게 되었고, 거기에 힘입은 다른 피해자들이 연이어 증언에 나섬으로써 '위안부' 운동이 확산되고 자리 잡게 되었다.

그렇다면 그때까지 쉽게 나서지 못했던 피해자들이 어떻게 해서 증언의 자리로 나올 수 있었을까? 먼저 여성단체의 강력한 문제 제기와 함께 전반적인 사회적 호응과 관심을 그 이유로 들 수 있다. '위안부'에 대한 사회적인 문제 제기가 이루어지고 이에 대해 관심과 호응이 있었던 것은 우리 사회가 이제야 그들의 이야기를 '들을 준비'가 되었다는 의미이기도 했다. 이런 사회적 변화에 따라 피해자들은 자신의 경험을 재해석할 수 있는 계기를 얻게 되었다. 과거의 피해가 자신의 잘못이 아니라는 점을 주관적, 객관적으로 깨닫고 확인하게 된 것이다.

그 즈음 우리 사회에서 일제의 식민지배에서 비롯된 여러 문제들이 대두했다. 원폭 피해자, 일제 징용노동자, 사할린 잔류 한국인들이 사죄, 배상을 요구하기 시작했고, '위안부' 문제 또한 일제강점기 문제의 청산이라는 맥락에서 받아들여지게 된 것이다. 일본이라는 분명한 가해자가 등장함으로써 대중이 공유하는 민족적인 감정이 작용했고 이는 '위안부' 피해자들에게는 패러다임 전환의 계기가 되었다. 이제껏 성적인 범죄의 피해 여성으로서 자신을 죄인으로 여기던 태도에서 벗어나 억눌렀던 울분을 터뜨릴 수 있는 사회적 조건이 마련된 것이다.

필리핀의 피해자들도 비슷한 심리적 변화를 겪었다. 할머니들이 증언자의 자리로 나오면서 그들의 상처는 자신의 잘못이 아니라 나라가 힘이 없어 (식민지배 혹은 점령 상태 아래 있었기 때문에) 일본의 잘못으로 끌려갔다는 생각으로 바뀌게 되었다.

초기 '위안부' 운동은 어떻게 진행되었을까?

1991년 정대협과 태평양전쟁희생자유족회의 추진으로 김학순 등 몇 명의 피해자들이 일본 정부를 상대로 전쟁 중 피해 사실에 대한 소송을 제기했다. 이어서 요시미 요시아키 교수가 '위안소'에 관련된 일본의 공문서를 발견했다. 이는 일본 지식인 사회에도 큰 충격과 파동을 주었고, 일본의 국가적 정체성에 대한 논의로 이어졌다.

1993년 일본의 지식인들이 전쟁책임자료센터를 세우고 '위안부' 문제에 대해 조사하기 시작했다. 이는 일본의 전쟁범죄를 연구하는 최초의 NGO 단체로, 요시미 요시아키 교수가 주축이 되었다. 그들은 1993년 정대협이 헤이그의 국제상설중재재판소(Permanent Court of Arbitration, PCA)에서 일본 정부를 대상으로 제기한 소송을 돕기도 했다.

1992년과 1993년에 걸쳐 자체 조사를 벌인 일본 정부는 1차, 2차 보고서를 발표했음에도 '위안부' 제도에 대한 법적인 책임을 회피하는 태도를 보였고, 여성 동원의 강제성을 계속해서 부인했다. 또 피해자에 대한 배상은 불가능하다는 입장을 고수했다. 한국계 미국 인류학자 사라 소(Sarah C. Soh)가 지적하듯이, 이때까지도 한일 양국의 정부 관계자, 정치인, 지식인들의 남성 중심 담론은 '위안부' 문제를 금전적 배상의 문제로만 여겼으며,

여성들의 인권침해 측면에는 관심을 거의 갖지 않았다. 이에 정대협은 진상 규명을 일본에 맡겨둘 수 없다는 판단하에 민간 차원의 한일합동연구회를 구성했고, 1997년에 자체적인 진상보고서를 출판하였다.

1992년 한국 단체들의 요청으로 유엔 인권위원회(UN Human Rights Commission)는 '위안부' 문제를 안건으로 올리고 피해자들의 증언을 들었다. 유엔 인권위원회의 소수민 차별금지 및 보호 소위원회(Sub-commission on Prevention of Discrimination and the Protection of Minorities)는 '위안부' 제도를 일본이 1932년에 조인한 강제 징용을 금지하는 국제협약 위반인 동시에 아시아 여성의 인권침해라고 규정하였다.

이윽고 1992년 1월, 서울의 일본 대사관 앞에서 수요시위가 시작되었다. 수요시위는 당시 결성된 정대협과 증인으로 나선 피해자들이 함께 일본의 사과와 배상을 요구하는 운동으로 시작되어 지금까지도 이어져오고 있다. 단일 주제로는 세계에서 최장기간 동안 계속되어 온 시위 운동이다.

정의연에 따르면 수요시위에서 일본정부에 요구하는 사항은 다음 일곱 가지로 요약된다. 1) 여성들을 '위안부'로 강제 연행한 전쟁범죄 사실을 인정할 것, 2) 그에 대한 진상 규명을 할 것, 3) 공식적인 사죄를 할 것, 4) 희생자에게 법적인 배상을 할 것, 5) 책임자를 처벌할 것, 6) 역사 교과서에 기록하여 다음 세대에 가르칠 것, 7) 희생자 추모비와 사료관을 건립할 것이 그것이다. 현재에도 이어지고 있는 수요시위에 대한 정보와 현황은 정의연 웹사이트(www.womenandwar.net)에서 확인할 수 있다.

현재까지도 계속되고 있는 수요시위는 2021년 현재 만 29년, 1500여 차 넘게 진행되고 있다. 왼쪽 사진은 1990년대 초기 수요시위 장면, 오른쪽 사진은 2002년 3월에 열린 500차 수요시위 장면이다.

사진 제공: 전쟁과여성인권박물관

1993년 한국의 김영삼 정부는 '위안부' 문제로 일본에 경제적 보상을 요구하지 않겠다고 발표했다. 같은 해에 일본 정부는 연이은 국제적 압력으로 비공식 자금으로 피해자에게 일정 금액의 배상금을 지급할 것을 제안했으나 정대협은 가해 당사자인 일본 정부가 배상금을 지급할 것을 요구하며 이 제안을 거절했다.

이즈음 한국의 여성운동계와 시민 단체들은 일본, 대만, 필리핀, 태국의 시민 단체들과 연합하여 '위안부' 피해자의 인권을 되찾기 위한 국제적 연대를 형성했다. 그렇게 결성한 아시아연대회의(Asian Women's Solidarity Forum)는 1995년 회의에서 일본 정부가 비공식 자금으로 피해자에게 배상금을 지급하는 것을 비판하는 성명을 발표했다.

이에 일본 정부는 본래의 계획을 다소 수정하여 아시아여성기금(Asian Women's Fund)이 '위안부' 피해자 배상이 아닌 전반적인 여성에 대한 폭력 문제와 관련해 쓰이도록 하였다. 이에 대한 문제는 다음 장에서 좀 더 자세히 다룰 예정이다.

이처럼 1990년대는 사회적 변화와 더불어 피해자들의 용기있는 증언으로 '위안부' 운동이 폭발적으로 일어난 시기였다. '위안부' 운동은 한국 사회에서 가장 먼저 본격화되었지만 처음부터 다분히 국제적인 성격을 띄고 있었으며, 이러한 특징은 2000년대에 들어서면서 더욱 본격적으로 드러나게 된다.

4. 전시 성폭력 담론으로의 발전

　'위안부' 피해자들의 직접 증언이 이어지고 운동이 본격화되면서 '위안부' 문제에 대한 세계적인 연대와 관심이 이어졌다. 이런 상황에서 1993년 보스니아 내전 중에 일어난 조직적, 집단적 강간 문제가 보도되면서 '위안부' 역사에 대한 관심을 불러일으켰다. 역사에서 교훈을 얻지 못하면 전쟁범죄와 인권 유린의 역사가 반복될 수 있다는 직접적인 증거가 되었기 때문이다.

　이런 국제사회의 인식이 고조됨에 따라 1993년 2월 유엔 안전보장이사회는 보스니아-헤르체고비나 지역의 인종청소, 전쟁범죄에 대한 국제재판소를 설치하기로 결정했는데, 여기에 여성에 대한 조직적인 강간과 강제 임신 등이 포함되었다. 특히 전쟁 중에 여성들이 민족말살과 인종청소의 수단이 되어 왔고 전시 강간이 의도적인 전쟁 수단으로 쓰일 수 있다는 데 대한 관심이 커진 것이다. 이러한 흐름 안에 국외에서 일본군 '위안부' 문제에 대한 이해가 높아졌고 '위안부' 사안에 대한 국제적인 공감과 지지 기반도 넓어질 수 있었다.

이에 정대협과 여러 협력 단체들이 국내 시위, 증언, 법적 소송과 함께 꾀한 또 하나의 전략은 유엔을 비롯한 국제기구에 '위안부' 문제를 제기하는 것이었다. 그 주요 성과와 내용은 다음과 같다.

● 1994년 국제법률가협회(ICJ) 보고서는 일본이나 한국 등의 당사국이 아닌 국제단체가 자체적으로 조사를 진행하여 보고서를 제출한 최초의 사례이다. 이해관계가 개입되지 않으면서 영향력이 있는 비영리 국제단체가 실행한 조사와 권고라는 점에서 큰 의미가 있다. 이 보고서는 성노예 문제에 대해 일본이 도덕적, 법적 책임이 있고 배상의 의무를 가진다고 주장하였다.

● 1996년과 그 이후 여러 차례 국제노동기구(ILO)는 권고를 통해 '위안부' 제도가 1930년에 ILO에서 채택한 강제노동조약(Forced Labor Convention) 위반임을 확인하고, 연례 전문가위원회 보고서에서 일본 정부가 이 문제를 적절히 다룰 것을 요구했다.

● 1996년 유엔 인권위원회(UNCHR)의 특별 보고자인 쿠마라스와미(Radhika Coomaraswami)의 보고서가 나왔다. 쿠마라스와미는 남한, 북한과 일본에서 이 문제에 대해 두루 조사한 뒤 이 보고서를 작성했다. 여러 입장과 단체들의 목소리를 객관적이고도 종합적으로 다루었으며, 특히 '위안부' 제도를 성노예제로 규정한 대표적인 문건이다. 이 보고서는 37쪽의 분량으로, '위안소' 설치 배경과 '위안부' 동원, '위안소' 상태 등을 문헌 자료, 피해자 증언 등을 토대로 정리하여 기술하고 한국과 일본 정부의 입장을

포함하여 종합적인 내용을 담았다.

● 1998년 유엔 인권소위원회(UN Sub-Commission on the Promotion and Protection of the Human Rights)의 특별 보고자 게이 맥두걸(Gay McDougall)은 최종 보고서에서 '위안소'는 '강간수용소(rape centres)'였다고 규정하면서 '위안부' 제도가 인권침해 문제임을 분명히 했고 이에 대해 일본 정부가 책임이 있다는 결론을 내리고 법적 배상과 책임자 처벌의 구조가 필요하다고 강조했다. 일본의 배상 책임을 명확히 했다는 의미가 있다.

● 1998년 국제형사재판소(ICC)는 전시 성폭력을 포함하여 세분화된 젠더 범죄 규정을 마련하였다.

유엔 기구와 국제 인권 관련 단체들에서 나온 이런 보고서와 권고는 '위안부' 피해자 문제를 국제 인권의 문제로 다루고, 국제 인권법과 연결하는 역할을 했다.

이러한 '위안부' 문제의 확장은 2000년 도쿄에서 개최된 일본군 성노예 전범 여성국제법정으로 성과를 맺었다. 법적인 강제력을 가지는 판결은 아니었지만, 그 재판 과정이 전세계에 생생히 전해졌고 피해 당사자들이 법정에서 직접 증언한 내용이 국제적으로 공식 인정되었으며, 각국 단체들의 보고로 각국의 피해 상황이 상세히 드러났다는 점에서 '위안부' 운동의 큰 성과가 아닐 수 없다. 그리고 2001년 헤이그에서 최종 판결이 내려졌다. 이 판결('헤이그 판결')에서 재판부는 일왕 히로히토와 일본 정부, 전범 9명(국제

규범에 의해 기소된 책임자들)에게 '위안부' 성노예 사건에 대해 유죄를 선고
했다. 전쟁이 끝난 지 55년 만에 '위안부' 문제가 국가의 범죄라는 것을 확
인하고, 국가원수이자 군 최고 책임자인 일왕 히로히토의 형사 책임을 촉
구한 판결이었다. 이 재판은 피해자들의 명예 회복에 큰 공헌을 했고, '위안
부' 문제가 초국가적인 전시 성폭력 문제라는 점을 명확히 인정받았음을 보
여주는 성과였다. 또 이를 계기로 '위안부' 사안에 대한 국제적 관심이 확대
되었다.

4장

왜 '위안부'는
아직도 해결되지
못한 문제인가?

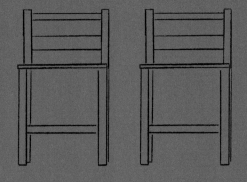

'위안부' 문제는 1990년대 이래 꾸준하게 논의되어 왔고 '위안부' 운동 역시 발전해왔다. 그런데 왜 아직도 '문제'라고 불리는 것일까? 왜 계속해서 일본의 사과와 망언이 반복되는 것일까? 일본은 정말 사과를 하긴 했는가?

이 장에서는 일본 정부의 대응이 어떻게 변해갔는지를 살피고 앞으로 '위안부' 문제의 궁극적 해결을 위해 생각해야 할 점들을 짚어보려고 한다.

1. 일본 정부의 초기 대응

일본 정부가 처음부터 쭉 '위안부' 문제를 부인했을까?
'위안부' 문제가 처음 알려졌을 때 일본은 어떤 입장이었을까?

일본에서 '위안부' 문제 규명을 위한 본격적인 자료 수집은 사실상 민간에서 먼저 주도하여 시작했다. 동시에 1990년에 한국 여성단체와 정부의 요청으로 일본 정부가 경찰청, 방위청, 외무성, 문부성, 후생성, 노동성 등 6개 기관의 자료 조사를 진행했으며, 그 결과 총 127건의 자료를 발표했다. 1992년 7월 일본 정부는 이 자료 조사 결과를 발표하면서, '위안부' 문제에 정부의 관여는 인정했으나 강제 연행을 입증하는 자료는 없다고 주장했다.

이에 대해 한국 정부가 재조사를 요구하자, 일본 정부는 1993년 국립공문서관, 국립국회도서관, 미국국립문서기록관리청(NARA)과 한국 등에서 2차 자료 조사를 실시하고 피해자 증언 청취, 현지 조사 등을 한 후 '위안소' 제도와 '위안부' 동원에 군의 관여와 강제성을 인정한 〈종군위안부 문제에 관하여〉라는 제목의 보고서를 발표했다. 또한 요시미 요시아키는 106건의 핵심 자료를 발굴해서 묶은 〈종군위안부 자료집〉을 발간하였는데, 여기에서 '위안소' 설치와 '위안부' 동원에 일본 정부와 군이 개입되어 있었음을 증명했다.

1993년 '위안부' 제도의 강제성을 인정한 '고노담화'는 이러한 조사 결과를 바탕으로 나온 것이었다.

1) 고노담화

1993년 일본의 내각 관방장관이었던 고노 요헤이는 이후 '고노담화'라고 불리는 담화를 발표하였다. 이것이 이제까지 일본 정부가 발표한 것 중에 '위안부' 문제에 대해 일본 정부의 개입과 책임을 가장 많이 인정했다고 평가되는 고노담화이다. 고노담화의 전문은 다음과 같다.

1993년 8월 4일

이른바 종군위안부 문제에 관해서 정부는 재작년 12월부터 조사를 진행해왔으나 이번에 그 결과가 정리됐으므로 발표하기로 했다.

이번 조사 결과 장기간, 그리고 광범위한 지역에 위안소가 설치돼 수많은 위안부가 존재했다는 것이 인정됐다. 위안소는 당시의 군 당국의 요청에 따라 마련된 것이며 위안소의 설치, 관리 및 위안부의 이송에 관해서는 옛 일본군이 직접 또는 간접적으로 이에 관여했다.

위안부의 모집에 관해서는 군의 요청을 받은 업자가 주로 이를 맡았으나 그런 경우에도 감언(甘言), 강압에 의하는 등 본인들의 의사에 반해 모집된 사례가 많았으며 더욱이 관헌(官憲) 등이 직접 이에 가담한 적도 있었다는 것이 밝혀졌다. 또 위안소에서의 생활은 강제적인 상황하의 참혹한 것이었다.

또한 전지(戰地)에 이송된 위안부의 출신지에 관해서는 일본을 별도로 하면 한반도가 큰 비중을 차지하고 있었으나 당시의 한반도는 우리나라의 통치 아래에 있어 그 모집, 이송, 관리 등도 감언, 강압에 의하는 등 대체로 본인들의 의사에 반해 행해졌다.

어쨌거나 본건은 당시 군의 관여 아래 다수 여성의 명예와 존엄에 깊은 상처를 입힌 문제다. 정부는 이번 기회에 다시 한 번 그 출신지가 어디인지를 불문하고 이른바 종군위안부로서 많은 고통을 겪고 몸과 마음에 치유하기 어려운 상처를 입은 모든 분에 대해 마음으로부터 사과와 반성의 뜻을 밝힌다. 또 그런 마음을 우리나라로서 어떻게 나타낼 것인지에 관해서는 식견 있는 분들의 의견 등도 구하면서 앞으로도 진지하게 검토해야 할 일이라고 생각한다.

우리는 이런 역사의 진실을 회피하는 일이 없이 오히려 이를 역사의 교훈으로 직시해 가고 싶다. 우리는 역사 연구, 역사 교육을 통해 이런 문제를 오래도록 기억하고 같은 잘못을 절대 반복하지 않겠다는 굳은 결의를 다시 한 번 표명한다.

덧붙여 말하면 본 문제에 관해서는 우리나라에서 소송이 제기돼 있고 또 국제적인 관심도 받고 있으며 정부로서도 앞으로도 민간의 연구를 포함해 충분히 관심을 기울이고자 한다.

　＊ 이 번역문은 연합뉴스 2014.6.20.일자에 실린 것을 재인용하였다. 일본어 원문과 영어 번역문이 일본 외무성 웹사이트에 게재되어 있었지만 최근에 게시물이 사라졌다.

이 담화문은 일본 정부와 군의 직, 간접적 책임을 밝혔고 사과의 뜻을 밝혔다는 측면에서 큰 진전이자 의의를 가진다. 동시에 그 한계도 분명하다. 일본 내각이나 국회의 결정을 통한 것이 아닌 고노 장관 개인의 이름으로 발표한 것이고 일본 정부의 법적인 책임이나 배상을 언급하지 않았다는 점, '위안부' 제도를 여성에 대한 성노예 제도로 명시하지 않았다는 점이 대표적인 한계로 지적된다.

그러나 최근에 그만큼의 진전조차 되돌리려는 시도가 나오고 있다. 2000년대에 들어 일본 정부의 고위 관리와 지식인들이 '고노담화' 내용의 재검증을 요구한다든지 그 의미를 퇴색시키려는 발언을 계속하고 있기 때문이다.

2) 국민기금

일본 정부는 '위안부' 문제에 대해 이미 사과와 보상을 했다고 주장하는데 사실일까? 그 근거는 무엇일까?

초기 '위안부' 문제에 대한 일본의 대응에 있어서 '고노담화'에 담긴 내용상의 진전과 함께 정부가 직접 책임지는 것을 회피하려는 한계를 동시에 담은 결과물이 '여성을 위한 아시아평화국민기금'(약칭 국민기금)의 설립이었다. 일본 정부는 1994년부터 정부 차원이 아니라 다른 방식으로 문제를 해결하고자 1995년에 민간기금을 조성하고 일본 시민들로부터 모금을 받아 '위안부' 피해자들의 의료, 복지 등을 지원하고 여성에 대한 폭력 방지를 위한 프로젝트를 지원하겠다는 계획을 발표했다.

'위안부' 생존자들과 지원단체들은 민간기금임을 강조한 국민기금의 성격과 진행 방식을 비판하는 성명을 발표했다. 여성학자 김정란의 설명처럼, 일본 정부는 일본이 일으킨 전쟁과 전쟁범죄의 피해를 입은 개인의 수가 헤

아릴 수 없이 많다는 사실을 주지하고 있었고, 이들에게 개인 보상의 선례를 남기지 않으려는 의도로 개인 보상이 아닌 국가 간 거래의 방식으로 전후 보상 문제를 해결하려 한 것이다. 이러한 일본의 외교적 원칙에 정면 도전한 것이 '위안부' 피해자들의 등장이었고, 그에 대응해 일본이 내놓은 절충안이 국민기금이라는 형태였다. 따라서 국민기금은 등장에서부터 비판과 반대에 부딪힐 수밖에 없었다. 그러나 국민기금은 1996년 8월에 필리핀의 생존자에게 기금을 지급하는 것으로 활동을 시작하였다.

국민기금 웹사이트에 따르면 활동은 다섯 가지로 나누어진다. 1) 보상금은 일본 국민으로부터 모금한 것으로 한국, 필리핀, 대만의 희생자에게 일인당 200만 엔을 전달한다, 2) 일본 정부는 여성의 명예와 존엄이 훼손된 '위안부' 문제에 대해 깊은 반성과 사죄의 마음을 표명하고 보상금을 전달할 때 피해자에게 그런 마음을 표한 총리의 편지를 함께 전달한다, 3) 일본 정부는 피해자에 대한 도의적 책임을 지기 위해 정부자금으로 피해자에 대한 의료 복지 사업을 실시한다, 4) '위안부' 문제를 역사의 교훈으로 삼기 위해 국민기금 내에 관계자료위원회를 설치하고 자료 수집을 추진한다, 5) 여성의 명예, 존엄에 관련된 오늘날의 여성 문제에 대처하는 활동을 지원한다는 것이었다.

그러나 일본 정부가 '위안부' 제도에 대한 완전한 진상 규명과 범죄 사실을 전적으로 밝히지 않은 상태에서 절충안으로 제시한 국민기금은 피해자와 관련 단체들이 요구해 온 해결 방식이 아니었고, 태생부터 문제점과 한계를 가질 수 밖에 없었다. 게다가 피해 당사자들의 비판과 반대에도 불구하고 사업이 진행되었고 여러 피해국 내에서도 기금을 수령할지에 대한 의견이 분분해짐에 따라 관련 단체들, 그리고 피해자들 사이의 갈등과 혼란을 초래했다. 중국, 북한, 동티모르 등의 피해자들은 사업 대상에 넣지 않았던 것 역시 국민기금을 통한 일본측 대응의 뚜렷한 한계를 보여준다.

한국에서는 여러 피해자들이 수령을 거부했다. 필리핀 피해자 토마사 사리노그는 국민기금은 "아버지의 죽음과 나의 미래와 꿈을 보상하지 못하기 때문에 받아들일 수 없다."며 거부의 의사를 밝혔다. 네덜란드 피해자 얀 루프 오혜른은 국민기금의 방식이 굴욕적이며 여기에서 일본 정부의 책임이 불분명하다고 지적했다. 그녀는 "나에게 자선을 베풀라는 것이 아니다. 일본 정부의 정당한 법적 배상을 요구한다."라고 발언했다.

2. 일본 정부의 우경화와 역사 부정론

현재 일본 정부의 입장은 무엇일까?
그들은 '위안부' 문제에 왜 민감한지 알아보자.

1990년대 초반 피해자 증언과 사료 발굴 등이 이어지면서 '위안부' 문제는 일본 사회에도 큰 충격을 주었다. 1993년의 고노담화는 이런 사회적 분위기에서 나온 것이다. 1990년대 중순까지도 일본 중고등학교 교과서에 '위안부'에 대한 내용이 실리는 등 일본 내부에서 과거사에 대한 성찰의 분위기가 있었다. 그러나 1990년대 후반부터는 극우 세력의 역사 부정론적 움직임이 본격화되었다. 이들 세력은 '위안부' 역사를 부정하며, '위안부' 피해자들의 증언은 거짓이고 피해자들이 사실상 돈을 벌기 위해 자발적으로 간 성매매 여성들이었다고 비난한다.

2006년 아베 신조가 총리로 취임하면서 극우 세력의 목소리는 더욱 힘을 얻었다. 일본 우익의 목소리를 대변하는 산케이신문은 특히 해외에서 '위안부' 운동이 많은 지지를 받는 현상을 주목하고 그것을 일본 국가에 대한 모독으로 받아들이며, 2014년 연재 기사를 통해 이를 '역사전쟁'이라고 선포했다. 그리고 현재 이런 극우 세력의 역사 부정론은 일본 내에서 주류의 목소리가 되었다. '위안부'를 비롯한 과거사 문제에 대한 일본 정부의 태도가 오히려 후퇴한 것이다. 아베 총리는 재임 당시 여러 번 '위안부'가 강제로 동원된 증거가 없다고 발언했고, 2007년 3월 아베 내각은 정부가 발견한 자료에서 여성들의 강제 연행을 직접 보여주는 내용이 나오지 않았다는 답변서를 각의(국무회의)에서 결정했다. 2013년 오사카시의 시장인 하시모토 토루는 "위안부는 전쟁 중 군인들의 사기 진작을 위해 필요했다."라고 발언했으며, 일본 고위 공직자 및 지식인들의 비슷한 발언이 끊이지 않고 나오고 있다.

이런 일본 고위 관리들의 발언에 대해 2013년 5월 유엔 인권 패널은 ''위안부' 역사를 부인함으로써 피해자들에게 이중 삼중의 상처를 주는 정부 관리나 유명 인사들의 언행에 대해 일본 정부가 자제시킬 것'을 촉구하기도 했다. 2014년 7월 유엔 인권위원회에서도 일본 정부가 '위안부' 피해자들의 강제 동원을 의심한다고 발언하는 것이나 고위 인사들이 피해자들을 모욕하는 발언을 하는 데 대해 우려를 표명한 바 있다. 그럼에도 불구하고 이러한 국제사회의 비판에 대해 일본 정부 관계자들은 오히려 국제기구 회의 등에서 '성노예'를 부정하는 발언을 하는 등의 대응을 보였다.

이러한 일련의 사건들은 한두 명의 '말실수'가 아니라 일본 측이 정치적이고 체계적으로 국제사회에서 '위안부'의 본질, 즉 강제 성노예였음을 부정하려고 노력하고 있음을 보여준다.

미국의 일본역사학자 캐롤 글럭(Carol Gluck) 교수는 최근 일본 정부와 극우 정치인들이 '계속해서 나오는 사과 요구에 지쳤다'(apology fatigue)라고 표현하는 것은, '여기에 대해 사과할 필요가 없다고 생각한다는 뜻'이라고 해석한다. 일본 정부는 이미 '위안부' 문제에 대해 여러 번 사과했다고 주장하지만 공식적인 절차와 합의를 통한 인정과 사과는 없었기 때문이다.

2000년대 이래 여러 나라에서 '위안부' 운동이 본격적으로 전개됨에 따라, 일본 정부는 이 문제로 인해 나라의 평판에 해가 갈 것을 우려하고 민감하게 반응하기 시작했다. 특히 2007년 미국 연방하원에서 '위안부'에 대한 결의안이 통과된 것을 전후로 아베 내각은 '위안부' 여성들의 강제 연행을 본격적으로 부정하고 미국과 여러 나라에서 '위안부' 운동이 커질 것을 경계하여 그 역사를 축소, 왜곡시키려는 '역사전쟁'에 돌입했다. 일본 교과서에서 '위안부'를 비롯하여 난징대학살 등 일제의 전쟁범죄 내용이 빠지거나 대폭 줄어들게 된 것도 이즈음이다. 역사에 대한 외면을 넘어서 부정하는 흐름은 지금까지도 계속되고 있어서, 최근 일본 문부과학성의 검정을 통과하여 2022년부터 사용될 고등학교 역사교과서의 대부분에서 '위안부'의 강제성에 대한 기술이 사라졌다. 앞서 설명한 일본의 '위안부' 제도 개입을 인정한 고노담화도 일본 외무성 웹사이트에서 조용히 사라졌다. 2021년 3월에는 일본 관방장관이 "일본 정부는 공식적으로 '군 위안부'가 아닌 '위안부'라는 용어만 사용하고 있다."고 밝혔는데, 이는 '위안부'에 대한 일본 당국의 책임을 부인하려는 의도로 읽을 수 있다.

일본 역사 부정론자들은 '위안부' 운동이 가장 활발하게 이루어지는 미국에서 특히 공격적으로 활동하였는데, 이에 대해서는 7장에서 좀 더 자세히 다루도록 하겠다.

3. 2015년 한일합의

2015년 '위안부'에 대한 한일합의의 의미는 무엇일까?
이 문제 해결에 대한 진전이 있었을까?

2015년 12월 일본의 아베 정부와 한국의 박근혜 정부는 양국의 외교부 장관이 각각 합의문 내용을 구두 발표하는 형식으로 '위안부' 문제에 대한 한일합의를 발표했다. 이는 '위안부' 피해자들이 제기한 헌법소원의 결과로 2011년 헌법재판소가 군 '위안부' 피해자 배상청구권에 대해 한일 정부가 다른 해석을 하는데도 한국 정부가 해결에 나서지 않은 것이 위헌이라는 결정에 대한 박근혜 정부의 후속 조치로 이루어졌다.

이 합의에서 일본은 '위안부' 문제에 대해 "군의 관여하에 다수의 여성의 명예와 존엄에 깊은 상처를 입힌 문제로서 이러한 관점에서 일본 정부는 책임을 통감한다. 아베 내각 총리대신은 일본국 내각 총리대신으로서 다시 한 번 '위안부'로서 많은 고통을 갖고 상처 입은 분들에게 마음으로부터 깊은 사죄를 표명한다."라고 했다. 이 내용은 1995년 국민기금에서 피해자에게 전달하려고 했던 일본 총리의 서신 내용과 거의 일치하는 것으로 당시와 마찬가지로 법적 책임이 아니라 도의적 책임에 준하는 표현이라고 할 수 있다.

국민기금 당시와 차이가 있다면, 국민기금 때에는 한국 정부가 기본적으로 반대를 표했던 데 반해, 2015년 합의의 경우 정부가 피해자나 지원 단체와의 소통이 전혀 없이 일본 정부와 합의하고 일본으로부터 10억 엔의 위로금을 받아 '화해치유재단'을 설립하기로 합의했다는 점이다. 문제 해결의 차원에서 진전이 아니라 오히려 후퇴가 된 셈이다.

일본은 1965년 한일기본조약 청구권협정으로 청구권 문제가 일괄 해결되었다는 입장에 변함이 없었고 이번 합의를 통해 지불하는 돈의 성격은 배상금이 아닌 인도적 지원금이라고 규정했다. 더욱이 이 문제에 대해 '최종적이고 불가역적으로 해결될 것임을 확인'하며 '국제사회에서 이 문제에 대한 상호 비난 비판을 자제'하기로 했다고 밝혔다. 한국 정부는 일본 대사관 앞 '위안부' 소녀상에 대해서 적절한 해결을 약속하기도 했다. '적절한 해결'이 어떤 의미인지를 명시하지는 않았으나 일본 정부가 지속적으로 요구해 온 소녀상 철거에 대해 긍정적으로 반응하겠다는 의미로 해석될 수 있는 표현이다.

합의문의 내용과 그 함의를 조금 더 살펴보자. 법학자 장혜원에 따르면, 합의문에서 일본이 법적으로 책임을 인정한 부분은 일본군이 '위안부' 제도에 관여했다는 것, 그리고 일본 정부가 책임을 통감한다고 밝혔으며 도의적이라는 수식어 없이 책임을 인정한 점이다. 반면 책임을 인정하지 않은 부분은 '법적' 책임이라는 용어 사용을 회피했고, 불법성이나 강제성에 대한 언급이 없이 일본군의 관여만 인정했다는 점이다.

일본이 자금을 대고 실시하는 사업이 피해자들의 '마음의 상처를 치유'하기 위해서라고 한 부분은 법적 책임이 아닌 기존의 '도의적' 책임을 진다는 입장과 크게 다르지 않다. 일본 정부가 조달하겠다고 한 10억 엔의 자금에 대해서도 일본은 배상이 아니라는 점을 분명히 했으며, 피해자들의 명예와 존엄 회복이라는 목적을 내세웠기 때문에 1990년대 일본의 민간기구로 세워졌던 아시아 여성기금의 성격과 크게 다르지 않은 것이다. 즉, 도의적 책임에 따른 인도적 지원금 이상의 의미는 없다고 할 수 있다. 역사학자 김정현의 분석처럼, 일본의 입장에서는 이 합의를 통해 침략, 강제 연행, 법률적 책임 부정에 성공한 셈이다.

합의 이후에도 일본 정부 관리들이 국제사회에서 '위안부'에 관련된 범죄행위를 부정하고 '위안부' 기림비와 소녀상을 없애기 위해서 애쓰는 모습에서 일본 정부가 이 합의를 통해 이루려고 한 것은 진정한 사과가 아니라 이 문제를 잠잠하게 하고 곤란한 지경에서 벗어나기 위한 것이었음이 드러난다.

이 합의에는 여러 문제점이 있는데 그중 가장 결정적인 문제는 합의 과정에서 피해자의 목소리가 철저히 배제되었다는 점이다. 장혜원 등의 법학자들은 국제형사재판소의 절차 및 증거에 관한 규정에서 인권 유린의 경우 그 해결 절차에 피해 당사자의 참여가 보장되어야 한다고 규정하고 있는데, 2015년 한일합의에는 이 부분이 전혀 반영되지 않았음을 지적한다. 이는 피해자의 절차적 기본권을 침해한 것이다. 피해자뿐 아니라 관련 단체나 사회적인 합의 없이 정부 간 외교 교섭에서 이루어진 합의였으므로 비판받을 소지가 다분하다. 이전과 변함이 없는 일본 정부의 입장을 받아들이고 '합의'에 이른 한국 정부 역시 30년 동안 쌓아올린 '위안부' 운동의 성과를 무너뜨린 셈이 되었다는 비판을 받았다. 합의 직후 관련 단체를 비롯해 피해 당사자인 할머니들은 이를 강하게 비판하고 수용하지 않을 것임을 분명히 했다.

또 다른 문제는 한일합의의 개념 자체가 '위안부' 문제를 한일 간의 외교 문제로 이해하고 해결하는 것을 전제로 했다는 점이다. '위안부' 피해자는 한국에만 있는 것이 아님에도 불구하고, 한일 양국의 외교적 합의로 이 문제를 '최종적이고 불가역적'으로 해결하겠다는 발상 자체가 잘못된 전제에서 나온 것이었다.

요컨대 2015년 한일합의는 '위안부'의 역사를 부정하고 축소하려는 일본의 끊임없는 노력과, 준비나 진정한 문제 해결 의지가 없었던 당시 한국 정부의 태도가 합쳐져 낳은 결과였다. 과정이나 형식, 내용 등 모든 면에서 외교적, 정치적 미봉책에 불과했고 발표 직후부터 피해자 당사자들은 물론 한국 사회 전반에서 비판받은 결과 이 합의는 실효성 없이 방치되었다.

2017년 12월 문재인 대통령은 2015 한일합의가 '위안부' 문제를 해결할 수 없다고 평가하고 피해자 중심으로 문제 해결을 하겠다고 밝혔다. 그리고 2018년 11월, 한국 정부의 여성가족부는 한일 '위안부' 합의로 설립한 화해치유재단을 해산할 것임을 발표했다.

2015년 한일합의 후 움직임

2015년 한일합의가 있었던 만큼 국제사회에서는 '위안부' 문제가 최종 해결된 것으로 받아들이지 않을까?

2016년 2~3월에 열린 유엔 여성차별철폐위원회 제 7, 8차 통합심사에서 일본 정부는 2015년 한일합의에 대한 내용을 제출했다. 이에 대해 위원회는 다시 이 문제를 제기하고 '위안부' 문제에 관한 역대 가장 구체적이자 장문으로 쓴 권고를 채택했다. 이 글에서 위원회는 유엔 산하 다양한 인권 메커니즘의 권고를 이행하지 않는 일본 정부에 유감을 표시하고, 일본군 '위안부' 문제에 대해 지도자와 공인들이 일본의 책임을 폄하하지 않을 것, 보상이나 배상 등 공식 사죄를 위한 구제, 역사 교과서 기술, 피해자의 입장을 존중하면서 2015년 합의를 이행할 것 등을 권고했다.

2017년 5월 유엔 인권최고기구(UNOHCHR) 산하 고문방지위원회(CAT)는 한국 정부의 정기 보고서에 대한 총괄 의견을 통해 한일합의가 피해자 보상과 명예 회복, 진실 규명과 재발 방지 등의 측면에서 충분하지 않다고 지적하고 합의의 수정을 권고했다. 또한 유엔 인권 고등판무관은 브리핑에서 '위안부' 문제를 언급하고 홈페이지에 공개했다. 그 내용은 이러한 합의를 통해 '위안부' 문제를 종결하려는 한일 정부의 태도를 비판하고, 국적에 관계없이 모든 피해자들이 동등하게 보상받아야 하며 피해자 입장에 선 해결 조치가 필요하다는 것이었다. 소녀상 철거를 언급한 데에 대해 우려를 표명하기도 했다. 여러 학자들이 지적했듯이 이는 '위안부' 문제를 정부 간 합의에 의해 성급히 종결지을 수 있는 양자 간 타협의 대상으로 다루어서는 안 된다는 의미로 해석할 수 있다.

4. 문제 해결의 방향

그렇다면 '위안부' 문제는 어떻게 해결해야 할까?
어떻게 해야 '해결'되었다고 할 수 있을까?

한일합의가 효력이 없어지다시피 한 지금, '위안부' 문제는 어떻게 해결해 나가야 할 것인가? '위안부' 문제를 법적으로 해결할 수 있는 방법은 이제 남아있지 않은 걸까? 법학자 장혜원은 법적인 차원에서 보완, 구제 방안을 다음과 같이 제시한다. 한일 청구협정 상의 중재 재판을 활용하는 것, 여성차별철폐협약을 근거로 국제사법재판소에 일본을 제소하는 방법, 인신매매 금지협약을 근거로 국제사법재판소에 일본을 제소하는 것, 일본의 정치인 등을 인도에 반한 죄로 국제형사재판소에 제소하는 것, 그리고 우리나라 국내 법원에서 일본의 극우 인사들을 처벌하는 방법 등이다.

이뿐만이어서는 안된다. 2015년 한일협약에서의 실수를 되풀이하지 않기 위해서는 여러 방안과 실현 가능성, 그리고 피해자들의 의견을 듣는 등의 충분한 논의과정이 있어야 할 것이며 구체적인 사항과 가능성을 고려해야 할 것이다.

최근에는 이제까지의 '위안부' 운동의 문제점을 지적하면서 문제의 해결 방향으로 '피해자 중심주의'를 강조하는 의견이 많다. 그러나 일각에서는 피해자 중심주의의 환상을 벗어나야 한다고 지적한다. '위안부' 피해자들은 제각기 다른 상황과 조건하에 피해를 당했고, 고국으로 돌아와서도 그들의 삶의 방식과 조건이 다양한 것은 지극히 자연스러운 일이다. 그런데 1990년대 이래 '위안부' 운동이 발전하는 과정에서 그들의 다양한 삶을 인정하고 그들의 각기 다른 이야기에 관심을 두기보다는 부지불식간에 우리가 바라는 '피해자상' 혹은 '활동가상'을 만들었는지도 모른다. 그래서 그들에게 우리가 듣고 싶은 이야기, 즉 소녀로서의 피해자, 할머니로서의 인권 운동가의 이야기에만 집중한 나머지, 그 사이에 가난과 차별, 상처로 고통받았던 그들의 삶을 조명하지 못했던 것이다. 이런 차원에서 외교학자 이헌미 교수는 한국 정부가 피해자 중심으로 '위안부' 문제를 해결한다는 원칙에서 피해자 중심성의 개념을 협소한 당사자주의에서 벗어나 사회문화적으로 재정의할 필요가 있다고 지적한다. 오늘날 한국 사회에서 '위안부' 운동을 바라보는 시선과 그 전망에 대해서는 마지막 장에서 좀더 다루도록하겠다.

결국 원점으로 돌아가서 '위안부' 생존자들이 생전에 그들이 그토록 원하던 정의 실현과 명예 회복을 이루기 위해서 해결해야 할 문제 해결의 공은 일본 정부에게 넘겨졌다. 2015년 한일합의가 문제 해결을 진전시켰다기보다는 90년대의 고노회담과 국민기금 당시의 한계를 그대로 안고 있었고 오히려 후퇴한 면도 있다는 것을 생각해볼 때, 요시미 교수가 2009년 제시했던 '위안부' 문제 해결을 위해 일본 정부가 취해야 할 입장은 아직도 유효하다. 그가 문제 해결을 위해 제시한 여섯 가지 핵심 요소는 현재에도 적용 가능하므로 여기에 요약해서 소개하고자 한다.

첫째, 일본 정부는 '군의 관여하에'라는 주어가 애매한 표현을 지양하고 여성들의 명예와 존엄에 상처를 준 주체가 일본군이었음을 명확히 하고, 일본군으로 인해 많은 여성들이 성노예 상태에 있었음을 적시해야 한다. 책임의 주체와 문제의 본질을 분명하게 밝히는 것이 사죄의 시작이어야 한다는 것이다.

둘째, 일본은 도의적인 책임뿐 아니라 법적인 책임을 인정해야 한다. 요시미 교수는 도의적 책임이라는 말은 '무거운 단어'이지만 일본 관료들은 이를 '법적인 책임이 없다'는 뜻으로 사용해 왔기 때문에 법적 책임에 대해 인정하는 자세가 필요하다고 강조했다.

셋째, 배상을 위한 돈은 일본 정부가 지출해야 한다. 2015년의 경우 국민기금과는 달리 정부가 출자한 자금을 지원하겠다고 밝혔지만, 이 역시 배상의 개념이 아니라 복지, 위로금이라는 국민기금 당시의 발상에서 진전되지 못한 것이었다.

넷째, 확실한 재발 방지 조치를 취해야 한다. 이는 역사교육과 기념사업, 관련 자료 수집과 연구 등으로 확장되어야 하는데, 최근에는 오히려 일본 역사교육에서 '위안부' 문제가 이전보다도 더 축소 혹은 삭제되고 있으며, 이 부분은 2015년 합의에서는 언급조차 되지 않았다. 이는 2016년 미국 캘리포니아에서 고등학교 10학년 사회/세계사 교육안에 '위안부' 문제가 삽입된 것과 대조되는 움직임이다. 앞으로 '위안부' 문제 해결에 대한 논의에서 그 역사를 기억하고 후대에 가르치는 일은 가장 중요한 요소 중의 하나로 다루어야 할 것이다.

다섯째, 일본은 '위안부' 피해자들이 입은 신체적, 정신적 피해를 치료하고 회복하기 위한 의료적 조치를 지원해야 한다. 우리 사회에서 '위안부' 문제와 운동을 진전시켰음에도 피해 당사자들 각각의 어려움이나 상처가 아물도록 돕는 데 무심했던 면이 있었던 것을 생각할 때 더욱 중요하게 다룰 부분이다.

여섯째, 이상의 조치를 위해 일본은 관방장관 담화를 넘어 각의(국무회의) 결정을 통한 총리 성명과 국회 결의를 채택해야 한다. 이는 피해자들이 일본 정부의 '공식적'인 사과로 인정할 수 있는 핵심적인 조건이다. 즉, 장관이나 총리 등의 개인적인 표현이 아니라 내각과 국회에서 결의를 통과해서 공식적으로 전하는 사과 말이다.

이상의 요소들이 함께 충족되는 방식으로 나아갈 때 비로소 '위안부' 문제 해결의 진전이 있다고 평가할 수 있다.

일본 정부가 '위안부' 문제에 대해 적절하게 대응하는 것은 국제사회에서 일본의 위치를 위해서도 필수적인 일이다. 미국 연방하원 '위안부' 결의안을 주도한 마이크 혼다 하원의원과 결의안 작성에 핵심 역할을 한 정치학자 민디 코틀러(Mindy Kotler)는 '위안부' 문제를 해결하는 것은 국제사회에서 일본의 위상을 높이는 데 직결된다고 입을 모아 이야기한다. 일본은 유엔과 인권위원회의 사회 정의와 여성의 인권 개선을 위한 노력에 동참해 왔지만, '위안부' 문제에 대한 완전한 책임을 받아들일 때 비로소 이제까지의 일본의 노력이 의미가 있어지고, 국제사회에서 민주주의, 자유, 인권, 법질서, 시장경제 등의 가치를 지지하는 국가로서 위치를 인정받을 수 있을 것이다.

5장

피해자에서
인권운동가로

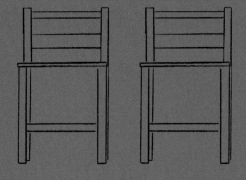

세 여성의 삶을 소개하고자 한다. 네덜란드 출신으로 당시 인도네시아에 거주하다가 끌려가 '위안부' 피해를 당한 얀 러프 오헤른 할머니, 일본이 필리핀을 점령했을 때 납치되어 '위안부'로 끌려갔던 마리아 로사 헨슨 할머니, 그리고 식민지 조선의 대구 한 마을에서 살다가 강제 동원되어 대만의 '위안소'에 끌려갔던 이용수 할머니이다. 평범하게 살고 있던 세 소녀의 일상이 어떻게 무너져 버렸는지, 그리고 그들이 어떻게 인권운동가로 변모해 갔는지 이야기를 들어보자.

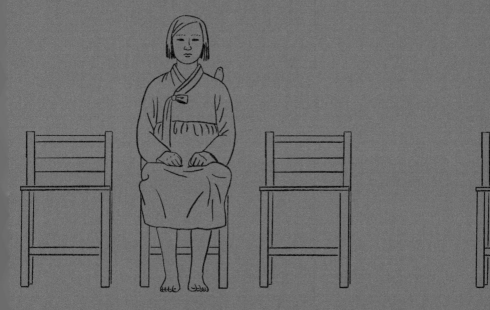

1. 얀 러프 오헤른 할머니의 삶

얀 러프 오헤른(Jan Ruff O'Herne)은 1923년 네덜란드령 동인도(현 인도네시아)의 자바에서 네덜란드인 가족의 4세대로 태어났다. 그녀는 사탕수수 농장에서 자랐고 가톨릭 학교인 자바 스마랑의 프란시스칸 학교(Franciscan Teacher's College)를 졸업했다.

오헤른이 19살이 되던 1942년 일본군이 자바 지역을 점령하면서 그녀를 포함한 수천 명의 네덜란드인 여성과 아이들은 3년 반 동안 일본군 수용소에 수용되었다. 수용된 지 2년쯤 되던 1944년 어느 날, 일본군 고위관리가 수용소에 찾아와 17살 이상의 미혼여성들을 소집했다. 한 줄로 서있는 여성들 앞을 지나가며 관리들이 아래위로 몸매와 다리를 훑어보고 턱을 들어 얼굴을 살펴보다가 예쁜 여성들(성인이라기보다 소녀에 가까운 어린 여성들이었다.) 10명을 골랐다. 그녀도 그중 하나로 뽑혔다. 일본군이 고른 열 명의 소녀들을 데려가려 하자 가족들이 그 앞을 막아서고 수용자 전체가 강하게 항의했지만 결국 소녀들은 강제로 트럭에 태워졌다. 열 명의 소녀들은 너무 무서워서 가방을 꼭 끌어안고 서로 부둥켜안고 있었다.

트럭이 스마랑 지역의 커다란 네덜란드 식민지 스타일 집 앞에 섰다. 소녀들은 그 집에 들어가자마자 그곳이 어떤 곳인지를 알아차렸다. 일본군은 소녀들에게 너희는 일본군의 성적 유희를 위해 온 것이라고 말했다. 그녀들은 제네바협약을 이야기하며 자신들은 강제로 끌려왔으며 일본에게는 이런 권리가 없다고 항의했지만, 일본군은 비웃으며 우리는 너희에게 마음대로 할 수 있다고 말할 뿐이었다. 일본군은 이 소녀들에게 일본식 이름을 지어주고 각 소녀에게 지정해 준 방문 앞에 일본식 이름을 걸어놓았다.

오헤른은 당시 소녀들은 순진했고 성관계에 대해서 아무것도 알지 못했다고 기억했다. '위안소'에서의 끔찍한 첫날의 기억이 상처로 남아서 그녀는 평생 동안 그 고통을 느꼈다고 고백했다. 그날 소녀들은 식당으로 소집되어 두려운 마음에 서로 끌어안고 기도를 하고 있었는데, '위안소'로 들어온 일본군 병사들이 그녀들을 한 명씩 끌어냈다. 방마다 소녀들의 비명이 들렸다. 오헤른 역시 방으로 끌려가서 식탁 아래로 숨었지만 곧 들켰다. 그녀를 끌어내리려는 일본군에 저항하며 온 힘을 다해서 발길질을 하자 일본 군인이 몹시 화를 내며 칼로 위협했다. 그녀는 도망갈 곳을 잃고 사냥당하는 동물처럼 구석으로 피했지만 군인은 쥐를 잡는 고양이처럼 그녀를 쫓아다녔다. 결국 그 병사는 울음을 터뜨린 그녀를 강간했고, 그가 방을 떠나고 나서 그녀는 온몸이 덜덜 떨리는 채 남겨졌다. 옷을 겨우 주워입고 욕실로 갔더니 다른 친구들이 모여 있었다. 모두가 하나같이 충격에 휩싸여 울고 있었다. 소녀들은 욕실에서 몸에 묻은 온갖 더러움과 치욕을 씻어버리려고 씻고 또 씻었다. 그러나 그 밤은 아직 끝나지 않았다. 다른 군인들이 자기 순서를 기다리고 있었고 그 일이 밤새도록 계속되었다. 그것은 시작에 불과했다. 몇 주, 몇 달이 지나도록 이런 일은 반복되었다.

'위안소'는 완전한 감시와 통제 아래 있었고 여성들이 도망치는 것은 불가능했다. 오혜른은 때로 숨으려 했지만 항상 발각되어 방으로 끌려갔다. 그녀는 성범죄 폭력을 피하기 위해 할 수 있는 모든 것을 해봤다고 한다. 심지어 어느 날은 자기 머리카락을 박박 밀었다. 모습이 이상하면 성폭력을 피할 수 있을 거라는 생각에서였다. 그러나 오히려 특이한 모습 때문에 호기심으로 그녀를 찾는 군인들이 있었다.

그녀는 자기를 강간하려고 하는 한 사람 한 사람과 싸웠다고 한다. 어느 누구도 자기와 싸우지 않고는 자기를 강간할 수 없었지만 그 때문에 계속해서 구타당해야 했다. '위안소'에서 그녀는 밤낮으로 '조직적으로' 폭행당하고 강간당했다. 심지어 성병 검사를 하러 오는 일본인 군의관도 그녀를 강간했다. 게다가 군의관은 그곳의 여성들을 더욱 욕보이게 하기 위해 검진할 때 모든 문과 창문을 열어놓아 지나다니는 군인들이 여성들의 검진 모습을 다 볼 수 있게 했다.

'위안소'에 있는 동안 그녀의 몸은 갈가리 찢기고 조각났으며 그 경험은 그녀의 젊은 시절을 망쳐 버렸다. 그들은 그녀의 모든 것—그녀의 젊음, 자존감, 명예, 자유, 소유, 그리고 가족—을 빼앗아가 버렸다. 그렇지만 한 가지 빼앗지 못한 것은 그녀의 신앙과 하나님에 대한 사랑이었다. 그 믿음이 모든 고통을 이기고 살아남을 수 있는 힘이 되었다고 한다.

전쟁 후 그녀는 한 영국 군인과 결혼하고 호주로 이주해서 살았다. 네덜란드로부터 멀리 떨어진 호주로 이사했기 때문에 자신의 과거 비밀을 아무도 알 수 없을 것이라는 안도감도 있었다고 한다. 행복한 가정을 꾸리고 겉보기에 평탄한 삶을 살았지만, 몸과 마음에 과거의 고통이 남아있었고 평생을 통증과 불안감에 시달렸다. 다른 '위안부' 피해자들이 고백한 신체적,

정신적 후유증과 비슷한 모습이다.

　2007년 미국 하원의원 청문회의 증언대에 선 오혜른 할머니는 일본인들이 한 일을 이미 용서했지만 결코 잊을 수는 없다고 말했다. 50년 동안 '위안부'들은 끔찍한 모멸과 더렵혀졌다는 마음으로 침묵 속에 숨어있었다. 그녀들이 더렵혀졌다고 생각한 경험이 인권의 문제로 인정되기까지 50년이 걸린 것이다. 그녀는 '위안부'에게는 전쟁이 아직도 끝나지 않았다고 강조한다. 그녀는 전쟁 후 망가진 몸을 회복하기 위해서 큰 수술을 받아야 했으며, 아직도 악몽을 꾼다고 했다.

1942년 19세이던 오혜른이 '위안소'로 잡혀가기
얼마 전 자바의 사진관에서 찍은 사진
출처 : 호주 전쟁기념박물관(Australian War Memorial)

　오혜른 할머니는 유럽인으로는 처음으로 일본군 '위안부'였음을 공개적으로 증언한 인물이다. 1990년대에 처음 공개적으로 증언했을 때에는 이민 간 호주에서 살고 있었다. 그녀는 그때까지도 '위안소'에 끌려간 날짜와 친구들의 이름을 손수건에 적어 보관할 정도로 생생히 기억하고 있었다.

　할머니가 50여 년간의 침묵을 깨고 증언하게 된 데에는 두 가지 계기가 있었다. 첫째는 1991년에 김학순 할머니와 한국의 '위안부'들이 침묵을 깨고 증언하는 모습이었다. 그들이 진실을 밝혀야 한다고 목소리를 높일 때마다 오혜른 할머니도 그들과 함께하고 돕고 싶었다. 할머니와 같은 유럽 여성이 나서게 되면 일본이 피해자들의 목소리를 무시하지 못할 것이라는 생각도 했다. 두 번째는 1990년대 일어난 보스니아 전쟁 중 민간인 여성들이 성폭력을 당한다는 언론 보도였다. 할머니는 이 사건을 보면서 세상은 제2차 세계대전 당시에서 그다지 변하지 않았고, 전쟁터에서 강간이 정당화되는 현실을 보며 자신이 당했던 일이 과거사만은 아니라는 생각을 하게 되었다. 이에 그녀는 자신의 경험을 공개적으로 밝히고 다른 여성들을 돕기로 결심했다.

그녀가 공개적으로 증언한 이후 같이 '위안소'에 끌려갔던 다른 네덜란드 친구들과 50여 년 만에 연락이 닿았다. 한 친구는 오혜른 할머니가 증언자로 나섰다는 신문 보도를 보면서 자신의 과거를 회피하고 싶었고 가족들에게도 그 경험에 대해 말하지 못했지만, 아직도 당시의 일들을 생생히 기억하고 있다고 말했다. 다른 친구는 이전에도 피해에 대해 증언해 달라는 요청을 여러 번 받았지만 혼자 이야기해봤자 소용이 없다고 생각해서 망설였는데 오혜른 할머니의 증언에 대한 보도를 보고 자신도 동참하겠다는 뜻을 밝혔다. 오혜른 할머니의 공개 증언 이후로 여러 유럽인 피해자들이 침묵을 깨고 증언하기 시작했다.

오혜른 할머니는 자신이 당한 일을 열심히 알리며, 전쟁 중의 성폭력이 큰 범죄라는 사실을 세상에 알리겠다는 소명을 가지고 칠십의 나이에 인권운동가로서 활발히 활동하게 되었다. 1992년 12월 일본 도쿄에서 열린 국제 청문회에서 증언했고, 책을 쓰고 각종 매체와 인터뷰를 하고 세계 곳곳에 찾아가 연설을 했다. 2007년 미국 의회에서 증언한 세 명의 피해자 중 한

명으로서 미 연방하원 '위안부' 결의안 통과에도 공헌했다. 그녀는 '위안부' 문제와 전시 성폭력 피해자 보호 운동에 헌신한 공로를 인정받아 호주에서 국민훈장을 받았고 영국 여왕, 네덜란드 여왕, 가톨릭 교황으로부터도 훈장을 받았다.

그녀는 일본 정부가 공식 사과를 해야 하며, 그 사과는 총리로부터 나와야 한다고 강조했다. 일본 정부가 이 문제에 대한 온전한 책임을 져야 한다는 것이다. 그녀는 또한 일본이 민간기금의 방식으로 만든 국민기금에 대해 비판했다. 일본 정부로부터 나온 정식 보상금이 아니었기 때문에 그녀를 포함한 '위안부' 피해자들을 모욕하는 것이라는 것이다. 일본은 자신들의 전쟁범죄를 완전히 인정하고 과거의 잘못에 대해 올바르게 가르쳐야 한다고 강조했다. 오혜른 할머니는 2019년 96세의 나이로 별세했지만 그녀의 용기 있는 삶은 아직도 우리에게 깊은 울림을 주고 있다.

2. 마리아 로사 헨슨 할머니의 삶

필리핀에서 '위안부' 피해자로 처음 공개 증언을 한 사람은 마리아 로사 헨슨(Maria Rosa Henson)이다. 헨슨 할머니가 증언한 이후부터 필리핀에서도 피해자들이 하나둘 침묵을 깨고 증언했고 필리핀에서 '위안부' 운동이 시작되는 계기가 되었다. 우리나라의 김학순 할머니와 같은 존재라고 할 수 있다.

헨슨 할머니의 어머니인 줄리아는 가난한 소작농의 딸로, 가족들의 생계를 위해 14살의 나이로 지주의 집에 하인으로 들어가서 일했다. 여기서 줄리아는 지주에게 겁탈당하여 아이를 낳았는데 그 아이가 마리아, 즉 헨슨 할머니였다. 마리아는 어려운 환경이지만 의사가 되고 싶다는 꿈을 꾸며 자라났다.

그녀가 14살이 되던 1941년 말부터 일본군이 필리핀을 점령하기 시작했다. 1942년 2월 어느 날 삼촌들을 쫓아 생계를 위해 땔감을 줍던 마리아는 일본군 장교와 병사들에게 붙잡혔다. 마리아는 강하게 저항했지만 일본군인들은 차례로 그녀를 강간한 뒤 버려두고 가버렸다. 그곳을 지나던 농부가 쓰러져있는 그녀를 발견하고 치료해 주었다.

두 주 후에 마리아는 다시 땔감을 구하러 나섰다가 또 일본군 병사를 만나 강간을 당했다. 그 일을 알게 된 어머니는 마리아를 데리고 마닐라에서 80킬로미터 정도 떨어진 팜팡가 지역의 앙겔레스 근처 숲에 있는 마을에 있는 삼촌 집으로 이사했다. 삼촌은 일본군에 저항하는 필리핀 게릴라 조직(Hukbalahap)의 지휘관이었다. 성폭행을 당한 후 일본군에 대한 증오심이 컸던 마리아는 게릴라 조직의 일원이 되어 연락책으로 활동했다.

1943년 4월 어느 날 마리아는 일본군 검문소를 지나다가 일본군 초병에게 잡혔다. 그들은 마리아를 과거 마을의 병원으로 쓰이던 건물로 끌고 갔다. 이곳이 바로 '위안소'였다. 그곳에는 이미 여섯 명의 다른 여성들이 있고, 마리아는 건물 2층에 문도 없이 커튼으로 가려진 작은 방에 갇혔다.

그때부터 마리아는 오후 2시부터 저녁 10시까지 줄지어 들어오는 일본군 병사들에게 성노예로 부림당하는 '위안부'로 생활하게 되었다. 하루에 20~30명씩 병사들을 상대해야 했다. 게다가 군인들은 사소한 이유로 폭력을 휘두르는 경우가 많았다. 매주 수요일에 검진하러 일본인이나 필리핀 의사가 방문했다. 한 달에 한 번 생리하는 동안에는 '위안부'들이 쉴 수 있었지만 아직 생리를 시작하지 않은 마리아는 휴식도 가질 수 없었다.

이리저리 옮겨지며 '위안부' 생활을 하는 동안 말라리아에 걸려 심하게 아프기도 하고, 아이를 유산하기도 했다. 매일 밤 어떻게 도망칠 수 있을까, 어떻게 하면 죽을 수 있을까를 생각했지만 어머니가 떠올라 차마 죽을 수도 없었다. 그러던 중 1944년 1월 이웃 마을의 게릴라가 마리아가 있던 일본군 막사를 습격해서 마리아는 구출될 수 있었다.

마리아는 가족의 품으로 돌아왔지만, '위안부' 생활의 후유증으로 오랫동안 걷지도 말하지도 못했다. 몸이 회복된 후에도 정신적인 상처가 쉽게 지워지지 않아서 말을 더듬는 등의 후유증이 남았다. 한 남자를 만나 결혼했지만, 남편은 곧 납치되어 반정부 게릴라 일원이 된 후에 집으로 돌아오지 못했다. 마리아는 혼자서 청소부 일을 하며 아이들을 길러야 했다.

세월이 한참 지난 뒤, 1992년 6월 어느 날 헨슨 할머니는 라디오에서 일본군 점령 시기에 일어난 '위안부' 문제에 대한 방송을 들었다. 피해 당사자를 찾고 있다는 광고를 들었지만 부끄러운 마음으로 외면하고자 했다. 그런데 점차 그동안 마음속 깊이 쌓여있던 무거운 짐을 내려놓고 싶다는 생각이 들었고, 그해 9월에 필리핀에서는 처음으로 '위안부' 경험을 폭로하는 증언을 하게 되었다.

그녀의 증언 이후 여러 명의 피해자들이 자신의 경험을 증언했다. 1995년 말에는 헨슨 할머니가 쓴 자서전이 출판되었다. 그녀는 자서전에서 "내가 죽기 전에 정의가 바로 세워지기를 바란다."라고 썼지만, 그 소원이 이루어지는 것을 보지 못한 채 1997년 세상을 떠났다.

헨슨 할머니의 증언과 자서전은 지금까지도 필리핀에서 '위안부' 문제를 기억하는 데 중요한 자료로 쓰이고 있다. 헨슨 할머니 등의 증언을 바탕으로 1994년에 '위안부 : 정의를 위한 외침(Comfort Women : A Cry for Justice)'이라는 영화가 개봉했고, 최근에는 헨슨 할머니의 이야기를 바탕으로 한 '로사 할머니(Nana Rosa)'라는 제목의 연극이 공연되었다.

헨슨 할머니의 이야기는 수많은 필리핀 피해자들의 삶을 대변한다. 필리핀은 전쟁 중 일본군에 점령되었기 때문에 헨슨 할머니처럼 여성들이 강제로 납치되어 '위안부' 피해를 입은 경우가 많았다. 이들의 삶은 무력적인 방법을 동원한 성노예로서의 '위안부' 역사를 뒷받침하는 강력한 역사적 증거이다.

3. 이용수 할머니의 삶

    이용수는 1928년 일제지배 하에 있던 조선의 대구시 북구 고성동의 한 작은 마을에서 태어났다. 넉넉치 못한 형편에 부모님과 할머니, 위로 오빠 하나, 아래로 남동생이 넷이었고 고명딸인 이용수까지 아홉 식구가 함께 살았다. 경제적으로 어려운 집안 사정 때문에 학교는 일 년 밖에 다니지 못하고 집안일을 하며 동생들을 돌봐야 했다. 13살부터 공장에서 일을 하며 야학에서 공부를 할 수 있었다. 그녀는 음악 시간을 좋아하고 노래하기를 좋아하는 평범하고 꿈 많은 소녀였다.

    16살이 되던 1944년 어느 날 친구인 김분순과 강가에서 고둥을 잡고 있는데 어떤 나이 든 남자와 일본 남자가 언덕에서 그녀들을 보고 있는 것을 알아챘다. 그 중 나이 든 남자가 소녀들을 손가락으로 가리키자 일본 사람이 그들에게 다가왔고, 무서워서 도망치다 보니 친구가 어떻게 되었는지 알 수가 없었다.

    며칠 후 새벽에 분순이 집에 찾아와서 창문을 두드리면서 나오라고 부르기에 가족들에게 말하지 않고 집에서 입던 검은 통치마에 긴 면적삼을 입은 채 따라 나갔다. 나가보니 강가에서 봤던 일본 남자가 있었는데 국민복 차림에 전투모를 쓰고 있었다. 거기에는 그녀와 분순까지 총 다섯 명의 소녀들이 있었다. 그들은 기차를 타고 경주로 가서 이틀 밤을 머물렀다가 다시 기차를 타고 여러 날을 달려 평안도 안주까지 갔다. 집에서 멀어질수록 겁이 나고 가족이 보고 싶어져서 계속 울면서 내려달라고 했지만 그 남자는 들어주지 않았다.

안주에서는 어느 민가에 머물렀는데, 대구에서부터 소녀들을 데려간 일본 남자는 한 명이라도 조금만 말을 듣지 않으면 모두에게 벌을 세웠다. 걸핏하면 때렸기 때문에 소녀들은 무서워서 말을 들을 수밖에 없었다. 다섯 소녀들은 한 달쯤 후에 다시 기차를 타고 중국 대련(다롄)으로 가서 배를 탔는데, 배에는 일본 해군들이 많이 있었고, 여자는 그들 다섯 명뿐이었다.

항해가 계속되던 어느 날 배가 폭격으로 심하게 흔들렸다. 멀미가 나서 화장실에 향하던 그녀를 한 군인이 끌고 갔다. 군인의 팔뚝을 물어뜯으며 저항했지만 어린 소녀였던 그녀는 힘에 부쳤고 결국 강간을 당하고 말았다. 나중에 알고 보니 친구 분순이를 비롯하여 다른 소녀들도 모두 군인들에게 강간을 당했다. 그 후로도 배 안에서 소녀들은 수시로 군인들에게 성폭행을 당해야만 했다. 그녀는 항상 울어서 눈이 부어있었고, 무섭고 겁이 나서 덜덜 떨기만 했다.

배가 대만에 도착해서 내릴 때에는 아랫도리가 자기 몸이 아닌 것같이 붓고 아파서 제대로 걸을 수가 없을 정도였다. 대구에서 그녀들을 데려간 일본 남자가 그곳 '위안소'의 주인이었다. 거기 있는 여자들 중에 그녀가 제일 어렸다. 방에 들어가라고 하는데 그녀가 거부하자 주인이 머리끄덩이를 잡아끌고 방으로 들어가서 전기고문을 했다. 전화 코드를 잡아 빼서 손목,

발목에 감고 전기를 연결했다. 그녀는 정신을 잃었다. 나중에 깨어보니 물을 끼얹었는지 온몸이 축축하게 젖어있었다.

'위안소'는 일본식 이층집이었고, 방이 20개 정도 있었다. 주인의 아내인 일본 여자와 첩인 조선 여자도 있었다. 주인은 걸핏하면 여자들을 때렸기 때문에 그녀는 맞을까 봐 항상 몸을 움츠리고 있었다. 조선말을 쓰면 주인에게 매를 맞았다. 감시도 심했지만 배를 타고 망망대해를 건너가 어디인지도 모르는 곳에 있었기 때문에 도망갈 생각은 하지도 못했다.

'위안소' 방은 아주 작아서, 두 사람이 겨우 누울 정도의 크기였다. 그곳은 일본 독고타이(가미가제 특수부대)였던 것 같은데, 하루 평균 네다섯 명의 군인들이 들어왔다. 군인들은 왔다가 빨리빨리 일을 보고 나갔다. 공습이 심한 날에는 여성들도 하루에 몇 번씩 피난을 가야 했다. 어느 날 폭격 때문에 여성들이 '위안소' 지하 방공호에 숨었는데 건물이 무너져 버렸다. 그녀와 다른 한 명의 여성은 땅을 파고 겨우 빠져나올 수 있었다. 그녀의 코와 입에서 피가 쏟아져 내렸고 심하게 몸이 상했다. 폭격이 있으면 산에도 숨고 굴 속에도 숨었는데, 폭탄 소리가 잠잠해지면 주인의 지시에 따라 밭이고 논이고 아무 데나 포장을 쳐놓고 군인들을 받아야 했다.

어느 날 만난 군인이 자기가 오늘 가면 죽는다고 하면서 노래를 가르쳐 주었다. 그 노래에 '신죽'이라는 말이 나와서 그때에야 그녀는 자신이 끌려가 있던 곳이 신죽(신주, 대만의 한 지역)인 것을 알게 되었다. 얼마 후에 거기 있던 여자 하나가 조선말로 전쟁이 끝났다고 말해주어서 전쟁이 끝난 것을 알게 되었다. 주인과 다른 여자들은 어디로 갔는지 이미 보이지 않았다.

이후 그녀는 부둣가에 있는 수용소를 거쳐서 배를 타고 한국으로 돌아올 수 있었다. 딸이 죽은 줄로만 알고 있던 가족들은 살아 돌아온 그녀를 보고 놀라고 어머니는 귀신이라고 하면서 실신할 정도였다. 가족들에게는 어디 가서 무슨 일을 당하고 왔는지 차마 말하지 못했다. 그녀는 결혼할 생각은 하지도 못했고 이것저것 일을 해봤지만 한곳에 정착하기가 힘들었다.

1990년대에 그녀는 방송에서 김학순 할머니의 증언과 보도를 보고 '위안부' 문제가 사회적으로 논의된다는 것을 알게 되었다. 그녀는 정부에 '위안부' 피해자로 등록했다. 젊은 날을 산산이 부숴버린 부끄러움에 평생 사로잡혀 있었기 때문에 오랫동안 그 경험을 이야기하지 못했다고 한다.

'위안부' 생존자로 목소리를 내기 시작한 이래 이용수 할머니의 삶은 완전히 바뀌었다. 이용수 할머니의 생생한 증언은 미 연방하원 '위안부' 결의안이 통과되는 데 공헌했으며, 샌프란시스코와 글렌데일 등 여러 곳의 '위안부' 기림비가 세워지는 데에도 결정적인 역할을 했다. 그녀는 이제 일본군 '위안부' 문제 해결과 전시 성폭행 피해 여성들을 위한 여성인권운동가로서의 삶을 살고 있다.

6장

국경을 넘어서

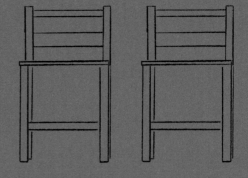

'위안부' 문제는 피해 규모와 운동의 면모 때문에 처음부터 국제적인 성격을 띠었다. 2000년대 들어서 일본 정부와 역사 부정론자들이 '위안부'의 역사를 왜곡, 축소시키려는 움직임을 보였지만 동시에 '위안부' 운동은 국제적으로 더욱 영향력을 발휘하게 되었다. 이 장에서는 국경을 넘은 여러 나라의 '위안부' 운동에 대해서 소개하고자 한다.

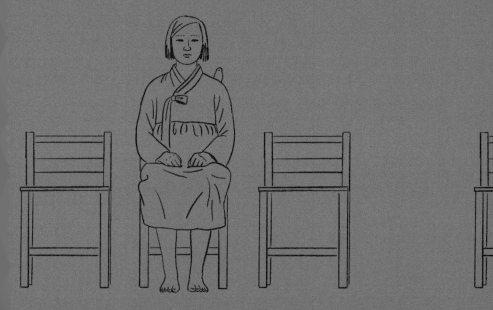

1. 국경 너머의 '위안부' 운동

1990년대 이래 여러 나라에서 '위안부'에 대한 진상규명이 전개되고 '위안부' 피해자를 위한 인권과 명예 회복 운동이 발전했다. 대만에서는 1992년부터 대만 출신의 '위안부' 피해자를 찾고, 대만 총독부와 대만 척식주식회사가 관여하여 하이난에 '위안소'를 설치한 관련 자료를 발견하여 발간했다. 필리핀에서도 필리핀에 설치되었던 '위안소' 자료 발굴과 피해자들의 증언이 잇따랐다.

태국에서는 국립공문서관 소장 자료 중 여성들의 이름이 기록된 명부자료를 발굴하여 그 자료를 한국에서 '위안부' 피해자 판정에 사용한 적도 있다. 이는 국경을 넘어 증언과 문서를 교차 분석하여 검증함으로써 증언의 가치를 보여준 사례로 거론된다. 1999년 한국, 필리핀, 대만 피해자들은 일본 법정에서 일본 정부를 상대로 소송을 제기했는데 결국은 패소했다.

법정에서의 결과와 상관없이 '위안부'에 대한 국경을 넘어선 연대 운동은 꾸준히 진행되었다. 초반 '위안부' 연대 운동의 대표적인 사례로는 정대협과 함께 여러 나라 단체가 협력해서 개최한 아시아 연대회의(ASC,

Asian Solidarity Conference)를 들 수 있다. 주요 참여 단체는 한국의 정대 협을 비롯해 필리핀의 Asian Center for Women's Human Rights in the Philippines, 대만의 Taipei Women's Rescue Foundation, 일본의 The Violence Against Women in War Network, Japan(VAWW-Net Japan, 전쟁 과 여성에 대한 폭력 일본 네트워크) 등이었다.

1) 일본 민간 단체와 개인들의 노력

일본 정부는 2000년대에 들어서 점차 우경화되어 왔고 현재 대다수의 일본 국민들은 '위안부' 문제에 무관심한 것이 현실이다. 그렇기 때문에 더욱 가해국의 입장에서 전쟁범죄에 대한 반성과 문제 해결을 지향하는 일본 시민 단체들의 활동은 '위안부' 운동에 있어서 매우 귀중한 의미를 지닌다.

일본에서 '위안부' 문제 규명을 위한 자료 수집은 민간에서 먼저 시작되었으며, 일본 정부가 역사 부정론적인 경향을 보이며 일본의 책임을 회피하는 와중에도 이들 지식인과 활동가들은 일본의 전쟁범죄 사실과 관련된 자료를 수집, 증언집을 발간하는 등 활동을 계속하고 있다.

요시미 교수 등이 1990년대에 설립한 전쟁책임자료센터는 '위안부' 자료를 체계적으로 해제하고 수집, 분석했으며, 마쓰오카 다마키는 2002년에 일본 노병의 일기 100여 종을 수집, 분석하고 난징을 중심으로 일본군에 강제 징집당한 중국 '위안부', '위안소' 설치에 대한 증언집을 발간했다.

VAWW-NET Japan(1998년 조직)의 공동대표인 니시노 루미코는 《전장의 위안부》라는 책을 출간하고(2003년), 중국의 윈난, 난징 등에서 북한의

'위안부' 피해자 박영심의 궤적을 조사했다. 나가이 카즈는 2005년 육군성 문서를 발굴했는데, 이 문서를 통해 일본 육군이 1937년 9월 병영 내 매점인 주보규정을 개정하여 '위안소'를 군의 병참 시설로 설치할 근거를 마련했고 군이 직접 관여했다는 사실이 밝혀졌다.

　시민 단체와 개인들의 활동도 지속되고 있다. 사회학자 문소정이 주목했듯이 WAM(Women's Active Museum on War and Peace, 여성들의 전쟁과 평화 자료관)은 일본의 대표적인 '위안부' 관련 시민 운동 단체로, 2005년에 마츠이 야요리의 뜻을 받들어 설립되었다. 마츠이 야요리는 VAWW-Net Japan 설립자로 '일본군 위안부 문제 아시아 연대회의'에 참여, 활동했던 인물이다. 그는 2000년 도쿄에서 열린 여성국제전범법정에서 수집한 피해자들의 증언과 관련 자료들을 전시할 곳을 찾던 중에 2002년 간암으로 세상을 떠나면서 전 재산과 관련 자료를 기부했고, 그것을 토대로 그녀의 유지를 받들어 2005년 8월에 WAM이 개관하였다.

　WAM은 전시 성폭력, 특히 일본의 아시아 침략 전쟁 피해자인 일본군 '위안부'의 피해와 일본군의 가해를 기억하는 일본 최초의 자료관이다. 이곳은 설립될 당시부터 계속해서 우익단체들로부터 매춘부 전시관, 매국시설로 매도당하며 항의와 협박을 받아왔다고 한다. WAM은 전시와 함께 '위안부'의 기억 정치를 발신하는 '행동'을 하는 자료관을 표방하고 있다.

　사회학자 문소정의 논문을 토대로 WAM의 활동 목표를 정리하면 다음과 같다.

　1) 젠더 정의의 시점에서 전시 성폭력에 초점을 맞추는 것, 2) 피해뿐 아

니라 가해 책임을 명확히 하는 것, 3) 평화와 비폭력 활동에 초점을 두는 것, 4) 민중 운동으로 건립 운영하는 것, 5) 해외에도 정보를 발신하고 국경을 초월한 연대 활동을 하는 것이다.

WAM은 일본 사회에서 소수자의 위치에서 인권, 페미니즘의 관점을 가지고 있으며, 국민기금과 책임자 처벌에 비판적 목소리를 내고 식민주의에 대해서도 지적한다는 점에서 일본의 다른 단체들과 구별된다.

WAM 전시 내용의 특징은 다음과 같다.

1) '위안부' 문제가 한국뿐 아니라 다른 아시아 국가들의 여성 문제인 것을 부각시키고, 2) 전시 성폭력으로 '위안부' 문제를 다루며, 3) 전시 성폭력 담론은 위험하게 악용되기도 한다는 점을 보여주는 것이다. 다시 말해, 제2차 세계대전 중 일본 정부가 '위안부' 여성들을 강제 동원했다는 증거는 없다고 하지만 역사 부정론자들은 '위안부' 제도 자체를 부정하지는 않는데, 이는 일본뿐 아니라 세계 여러 전쟁터에서 여성에 대한 성범죄가 있었다는 식의 주장으로 연결시키려는 의도인 것이다. '위안부' 문제를 민족주의적으로 바라보는 시각, 즉 한일 간의 식민적 국가 권력 관계 문제로 보는 관점을 비판하고 나라를 떠나 남성이 여성에게 저지른 여성의 문제였다는 점을 강조한다.

다른 곳에서 볼 수 없는 이 전시관만의 독특한 전시는 전범과 일본군 병사의 가해에 대한 전시이다. 전 일본 병사들의 증언과 사죄 등을 전시하고 이들의 양심 고백이 '위안부' 운동의 한 동력임을 강조하고 있다. WAM의 관장인 이케다 에리코는 이곳을 운영하는 이유에 대해 일본 정부가 전쟁 책임을 안 지는 창피한 나라로 기억되지 않기 위해서라고 언급했다.

WAM은 정부 지원을 전혀 받지 않고 자립, 운영하는 민중 자료관으로, 일본 사회가 '위안부' 언급을 자제하고 있기 때문에 일본인 내관자는 증가하지 않지만 해외에서의 관심이 높아지고 있다고 한다. WAM 관계자들은 '위안부'가 한국, 일본에 국한된 문제가 아닌 전 세계에서 발생하는 전시 성폭력으로 인식되길 바라며 이를 위해 '위안부' 피해 및 전시 성폭력 피해 기록을 찾고, 보존 공개하는 것이 중요하다고 밝혔다.

2) 중국의 문서 발굴과 공개

일본은 제2차 세계대전에서 패한 후 각 전쟁터에서 퇴각하면서 자료를 대부분 소각, 폐기했다. 그러나 소련 참전으로 급히 후퇴하면서 소각하지 못한 채 남겨진 자료들이 중국의 여러 당안관(국립기록원에 해당하는 공문서 수집, 보존 기관)에 있는 것으로 추측된다.

중국은 2015년 무렵부터 중앙 당안관, 랴오닝, 지린, 헤이룽장, 산시성, 상하이, 난징, 티엔진, 내몽고자치구, 허베이성, 친황다오시, 저장성 진화시 등의 당안관에서 '위안부' 제도, 강제징집, '위안소' 개설 등에 관련된 공문서를 발굴했다. 발굴 대상은 제2차 세계대전 후 중국 정부가 조사했던 전쟁 피해 및 일본 전범 심문자료, 점령지 친일 정권과 일본군 관동헌병대, 만주국 중앙은행 문서 등이다. 특히 전쟁이 끝날 무렵 일본군이 퇴각하면서 미처 소각하지 못하고 남긴 관동군 문서 자료에는 중국에 동원된 조선인 '위안부'에 대한 내용이 나온다. 일본군과 군 '위안부'가 중국 둥베이, 화베이, 화중, 인도네시아 자바에까지 있었다는 사실을 증명한 자료도 발굴되었다.

중앙 당안관에 소장된 전범 심문자료는 중화인민공화국 수립 후 1950년부터 1956년까지 중국 당국이 일본인 전범자를 압송하는 과정에서 작성된 일본 전범 자필 진술서인데 일본군이 중국과 조선의 부녀를 강간한 범죄 진술과 일본군이 여러 지역에서 부녀를 강제로 '위안부'로 충당한 내용 등을 포함하고 있다.

저장성 우이현 당안관 자료는 2017년에 처음 공개되었는데, 진화성구 근황표라는 자료에 '위안소' 위치와 피해여성들의 이름, 관리인 등이 명시되어 있다. 이로써 1990년대에 밝혀진 조선인 업자가 진화 지역에서 운영한 '위안소'에 더해, 일본군이 책임관장으로 운영했던 '위안소'와 장교용 오락시설('위안소' 포함)의 존재가 확인되었다. 윤명숙, 김정현 등 관련 연구자들이 전망하듯이, 중국 당안관 자료 중 아직 공개되지 않은 부분도 많기 때문에 앞으로도 '위안부' 관련 자료들이 추가로 발굴, 공개될 가능성이 있다.

공식 문서와 더불어 중국 피해자들의 증언 채취도 계속되고 있다. 상하이에 세워진 중국 '위안부' 연구소를 중심으로 피해자 확인과 증언 채취가 이루어졌고, 이중 12명의 증언을 엮어 영어로 번역한 증언집이 2016년 미국에서 출판된 바 있다.

3) 대만의 '위안부' 운동

대만에서는 '위안부' 피해자를 '아마(Ah Ma, 할머니라는 뜻으로 피해자 할머니들을 부르는 애칭)'라고 부른다. 제2차 세계대전 당시 대만에서 강제 동원된 '위안부' 피해자는 2,000여 명 이상으로 추정되는데 14세에서 30세

사이의 여성들이 끌려갔고, 농부, 어부, 행상인 등 주로 가난한 집안의 딸들이 피해를 입었다. 1992년 '타이베이 여성구호재단'이 설립되어 58명의 아마가 피해자 등록을 했지만 다른 나라들과 마찬가지로 생존자 숫자는 점점 줄어들고 있다. 대만의 첫 증언자는 리우 황 아타오(1923~2011)인데, 그녀는 간호사로 일하게 해주겠다는 꼬임에 넘어가 인도네시아 '위안소'에서 3년 동안 '위안부' 생활을 했다. 그녀는 자신의 경험을 밝히면서 "부끄러워해야 할 대상은 우리가 아니라 일본 정부다."라고 말했다.

4) 북한의 피해자 증언

북한에서도 1992년 5월에 피해조사위원회가 발족되었다. 1년 동안 131명의 피해자가 신고했고 그중 34명이 공개적으로 증언했다. 2000년까지 신고한 피해자는 218명으로 늘었고 공개 증언은 48명이 했다고 보고되었다. 북한 피해자 40명의 증언을 담은 책이 출판되었으며, 일부는 일본, 한국 등의 언론과 인터뷰를 한 적도 있다. 특히 잘 알려진 '위안부' 사진 속의 임산부로 밝혀진 박영심 할머니는 2000년 도쿄의 일본군 성노예 전범 여성국제법정에서 공개 증언하여 세계 '위안부' 운동에 참여했다.

2. 새로운 시각의 제시, 필리핀의 '위안부' 운동

'위안부' 피해자가 많았던 필리핀에서도 '위안부' 운동이 이루어지고 있을까?

필리핀의 경우, 적지 않은 '위안부' 피해자가 있었음이 밝혀졌고 꾸준하게 '위안부' 운동이 진행되어 왔다. 이에 우리에게는 잘 알려지지 않았던 필리핀의 '위안부' 운동을 관계자들의 인터뷰를 통해 소개하고자 한다.

필리핀에는 몇 개의 '위안부' 관련 단체가 있는데, 릴라 필리피나(Lila Pilipina)는 그 중에서도 가장 오래되고 활발히 활동하는 곳이다. 필자는 릴라 필리피나의 활동에 직, 간접적으로 관여해 온 세 명과의 인터뷰를 통해 그들의 활동과 앞으로의 전망 등에 대해 들어보았다.

우리나라의 경우와 유사하게, '위안부'에 대한 이야기는 1990년대 이전부터 필리핀 사회에 어느 정도 알려져 있었다. 현재 릴라 필리피나의 소장인 샤론 카부사오-실바(Sharon Cabusao-Silva)는 어릴 때 어머니로부터 들은 이야기를 통해 처음으로 일본 점령 당시의 상황과 '위안부'에 대해 알게 되었다고 회고했다.

어머니의 이야기에 따르면, 전쟁 중 일본군이 어린 처녀들을 잡아간다는 소문 때문에 실바의 외조부모는 일본 군인들이 보일 때마다 딸들을 건초

더미 속에 숨겼다. 그리고 실바의 어머니가 18세가 되자마자 그녀가 일본군에게 잡혀가지 않도록 마닐라에 보냈다고 한다.

이처럼 '위안부'에 관련된 이야기는 사람들 사이에 널리 알려져 있었다. 그러나 전쟁 당시에는 피해자 여성들이 일본군 고위관리들의 정부(情婦)가 되었다는 식의 소문이 퍼져있어 조국에 대한 배신자 내지 부정한 여성들이라는 비난을 받았다. 구체적인 피해 사실이 알려지지 않은 채 사회적 낙인이 찍힌 피해자들이 오히려 숨어지냈던 것이다.

1990년대 초 한국에서 피해자 증언이 나오고 '위안부' 운동이 활발해지면서 필리핀에서도 여성단체들을 중심으로 '위안부' 피해자들을 찾는 작업이 이루어졌다. 1992년 필리핀 최초의 증언자(마리아 로사 헨슨 할머니)가 나오면서 본격적인 '위안부' 운동이 시작되었다. 조사에 따르면 당시 필리핀에 1,000여 명의 '위안부'가 존재했다고 하며 그중 174명의 피해자들이 공식적으로 증언했다.

그러나 우리나라와 비슷하게, 일본 정부는 1956년 필리핀과 맺은 배상 협정을 통해 일본이 필리핀에 5억 5천만 달러 상당의 상품과 용역을 제공했기 때문에 '위안부'를 포함한 모든 전쟁범죄에 대한 배상 문제가 해결되었다는 입장을 취하고 있다.

1997년 말라야 롤라스(Malaya Lolas)라는 단체가 만들어지게 되었는데, 이 단체의 경우 '위안부' 문제를 포함하여 일본군에게 성폭력 범죄를 당한 여성 지원 등 좀더 폭넓은 활동을 한다. 이후에 팜팡가(Pampanga) 지역과 파나이(Panay) 섬의 피해자들을 지원하기 위한 단체로 롤라 캄파네라(Lola

Kampanera)가 만들어졌다.

릴라 필리피나를 포함한 이 세 단체에 각각 100명에서 200명의 피해자가 속해 있었지만 현재는 다른 나라들과 마찬가지로 피해자들의 고령화로 남아있는 생존자들의 숫자는 점점 줄어들고 있다.

2021년 현재 릴라 필리피나 센터에 속한 '위안부' 할머니는 12명이며 그중 마닐라 부근에서 활발히 센터의 활동에 참여하는 롤라(필리핀어로 '할머니'라는 뜻으로, 우리나라의 할머니나 대만의 아마처럼 '위안부' 피해자들을 부르는 애칭)들은 6~8명 정도이다. 릴라 필리피나 센터는 '위안부' 문제에 대한 시위, 토론회, 캠퍼스 방문, 일본과 필리핀 국회에서 로비 활동, 그리고 생존자들을 위한 심리 치료, 미술, 퀼트 치료, 의료 지원, 경제적 지원, 사망후 장례 지원 등의 활동을 해왔다.

현재 이 센터는 생존자들의 휴식처이자 '위안부' 관련 행사 내지는 교육프로그램을 여는 장소이다. 아직 밝혀지지 않은 생존자들이 있는지 찾아내는 작업, 센터의 자료들을 디지털화하는 작업, 젊은 자원 봉사자들의 인력풀(pool)을 만들고 연구자들과 연결하는 작업 등을 하고 있다. PAMANA라는 '위안부' 피해자 가족들(주로 딸들과 손녀들)의 모임과 활동도 진행하고 있는데, 이 모임에 대해서는 9장에서 더 설명하고자 한다.

필리핀의 '위안부' 운동은 우리나라와 어떻게 비슷하고 다를까?

필리핀 '위안부' 생존자들이 일본에 요구하는 것은 다른 나라 피해자들의 요구 사항과 유사하다. 주요한 요구 사항은 일본 정부가 과거 일본이 저지른 전쟁범죄에 대해서 공식적이고 공개적으로 사과하는 것, 생존자 개개인에 대한 배상, '위안부' 역사를 교육 과정에 포함시키는 것이다.

현재 필리핀 정부로부터 '위안부' 운동에 대한 지원을 기대하기 힘들지만 단체들은 의회에 '위안부' 운동 지원에 대한 법안 신청을 추진하고 있다. 릴라 필리피나는 '위안부' 생존자를 찾아내고 그들을 지원하며 피해자들의 목소리를 대변한다는 원래의 목적 외에도, 필리핀 '위안부' 문제에 대한 역사 자료관으로 거듭날 준비를 하고 있다. 또한 '위안부' 문제뿐 아니라 모든 전쟁범죄와 군과 관련된 여성에 대한 성범죄를 방지하는 캠페인에 앞장서고 있다.

필리핀 관계자와 진행한 인터뷰 및 김정란 등 연구자들의 연구를 토대로 필리핀의 '위안부' 운동이 한국이나 다른 피해국에서의 운동과 구별되는 특징을 다음과 같이 정리할 수 있다.

첫째, 필리핀에서는 오래 전부터 여성운동이 많이 발달하였고, 여성운동의 큰 맥락 위에서 '위안부' 운동이 전개되어 왔다. 필리핀의 경우 아시아여성인권위원회(AWHRC)라는 단체가 1991년 한국의 정대협으로부터 '위안부' 문제에 대한 정보를 처음으로 듣고 '위안부' 운동을 시작했지만, '위안부' 문제만을 단독적으로 다루는 조직은 아니었다. 이런 특성은 지금도 비슷한데, 릴라 필리피나 역시 '위안부'를 지원하는 단체이지만 모든 전쟁범죄, 군의 여성에 대한 성범죄 방지 캠페인에 주력하는 등 폭넓은 여성운동을 지향한다.

앞서 언급한 1992년 아시아연대회의에 제출한 필리핀과 태국의 보고서에도 이런 경향이 드러난다. '위안부' 문제를 일본의 식민지 역사의 맥락에서 이해해 온 한국의 운동 방향과는 달리, 필리핀과 태국의 보고서에서는 이 문제가 여성에 대한 폭력, 여성인권침해라는 측면이 강조되었다. '위안부' 제도가 남성에 의한 여성의 사물화였다는 사실을 지적하고, 이를 국제적 인신매매와 아시아 여성의 성매매 문제와도 연관시켰다. 그 맥락에서 여성 차별의 가장 극심한 형태로서 '위안부' 제도를 고발한 것이다. 과거 남성 중심적 사고방식에서 여성이 아들을 낳는 여성과 남성에게 쾌락을 주기 위한 여성이라는 이분법으로 나누어졌으며, 동일한 논리로 성매매가 제도화되었고 여성 억압이 극대화된 것이 '위안부' 제도라고 보았다.

이런 시각에 따르면 피해자와 가해자가 특정국에 한정되지 않게 된다. 따라서 투쟁 대상은 일본에 한정되지 않고, 남녀의 문제, 경제력 있는 국가와 빈곤한 아시아 여성의 구도로 설정되기도 한다. 이는 더 나아가 '위안부' 문제를 현재의 인신매매 문제와 연결시켜 그 연속성을 인식하는 것으로 이어진다. 같은 맥락에서 '위안부' 운동 지원에 관련된 법안은 아직 마련되지 못했지만, 여성에 대한 폭력을 방지하는 운동은 계속 진전되고 있다.

둘째, 필리핀의 '위안부' 운동은 처음부터 지금까지 정부의 후원이나 지지를 전혀 받지 못하고 있으며, 오로지 민간 차원의 노력과 운동가들의 열정으로 이어져 왔다. 필리핀 정부는 일본 정부로부터 많은 자금 지원과 후원을 받고 있기 때문에 '위안부' 운동에 호의적이지 않으며, 관련 운동가들이 정치범으로 몰리는 등 오히려 운동가들에게 어려움을 주기도 한다. 이런 필리핀 정부의 '위안부' 운동에 대한 입장은 초기부터 드러났다.

1990년대에 처음 피해 증언자들이 나왔을 당시 아키노 대통령은 친정부적인 역사가에게 조사를 지시했고, 그 학자가 필리핀에서는 한국처럼 대대적인 '위안부' 동원이 없었다는 결론을 내리자 그것을 근거로 삼아 '위안부' 운동을 무마시키려 했다.

현 필리핀 정부 역시 일본과의 경제적 관계 등 때문에 '위안부' 운동에 호의적이지 않다. 대표적인 예로, 최근에 시민 단체들이 주도해서 '위안부' 기념 조각상을 세웠는데 이에 대해 일본 정부가 강하게 항의했고 일본 관리들이 필리핀 대통령과 회담하는 자리에서 유감을 표시한 후 두 조각상이 갑자기 사라지는 사건이 있었다. 일본 정부의 압박을 느낀 필리핀 정부와 관계된 일로 짐작된다. 이에 대해 릴라 필리피나와 지지자들이 시위를 벌이고 국회에도 청원했지만 아직 해결되지 않고 있다.

이런 사정 때문에 일선 학교에서도 '위안부' 문제가 공식 교육안에 포함되어 있지 않다. 릴라 필리피나는 최근 학교에서 '위안부' 문제를 교육시킬 것을 포함해 '위안부' 운동 지원과 해결 등을 건의하는 내용을 담은 법안을 의회에 제출하였다.

필리핀에서 '위안부'에 대한 교육은 릴라 필리피나와 운동가들의 홍보, 그리고 관심 있는 교육자들을 통해 학생들을 대상으로 한 강연회, 증언 행사 같은 형태로 민간 차원의 노력을 통해 진행되고 있다. 관계자들에 따르면 일단 교육의 기회가 마련되어 이 문제를 알게 된 학생들은 큰 충격을 받기도 하고 크게 공감하며 '위안부' 할머니들을 돕고자 한다고 한다. 이 문제를 가르쳤을 때 반응과 효과가 상당히 좋지만, 그것을 가르칠지의 여부는 전적으로 교사, 교수들을 중심으로 한 개인적인 연결망과 노력으로 진행되고 있는 것이다.

피해자들의 증언이 여기저기에서 쏟아져 나오던 1990년대에는 필리핀에서도 '위안부' 문제가 전국적으로 뜨거운 이슈였고 많은 관심과 지지를 받았다. 그러나 시간이 많이 흐르면서 피해자들이 하나둘 고령으로 사망하고 정부조차 비협조적인 태도를 보이고 있어 국민들의 관심도 많이 줄어들었다. 1990년대 일본의 국민기금으로 피해자 보상이 이루어져 문제가 다 해결된 것으로 잘못 알고 있는 사람들도 많다고 한다. 최근 릴라 필리피나는 국민들의 관심을 다시 불러일으키기 위해 '위안부' 역사를 알리는 여러 이벤트를 기획하고 있다.

셋째, 필리핀의 '위안부' 운동은 그 중심에 피해 당사자를 위치시켰다. 이는 특히 일본의 민간기금으로 지급된 국민기금을 수령할 것인가에 대해 피

1 | 필리핀 '위안부' 생존자 펠리시시마 알바리스(Felicisima Albarece) 할머니와 테레시타 다야오(Teresita Dayao) 할머니. 뒤에 보이는 병원 건물은 전쟁 중에 일본군 주둔지이자 '위안소'로 사용되었는데, 펠리시시마 할머니가 '위안부'로 잡혀 있었던 곳이다. 사진 제공 : 릴라 필리피나

2 | 필리핀 케손에 있는 롤라들의 집(The Lolas' House)에서 필라 프리아스(Pilar Frias) 할머니(왼쪽)와 버지니아 빌라르마(Virginia Villarma) 할머니(2010). 사진 제공 : 리차드 제이콥 누니스-다이(Richard Jacob Nuñez-Dy)

3 | 롤라들의 집에서 힐라리아 버스타만테(Hilaria Bustamante) 할머니(왼쪽)와 오르텐샤 마르티네즈(Ortencia Martinez) 할머니(2010). 사진 제공 : 리차드 제이콥 누니스-다이

4 | 롤라들의 집에서 왼쪽부터 오르텐샤 마르티네즈, 힐라리아 버스타만테, 나르시사 크라베리아, 버지니아 빌라르마, 필라 프리아스 할머니(2010). 사진 제공 : 리차드 제이콥 누니스-다이

해자들의 입장이 갈렸을 때 뚜렷하게 드러난 특징이다. 국민기금이 설립되고 피해자들에 대한 지원비 지급 계획이 발표되었을 때, 필리핀의 단체들도 일본 정부가 책임지고 피해자에 대한 배상의 형태가 되어야 한다는 것을 강조하며 국민기금을 비판했다. 그러나 곧 몇몇 피해자들이 기금을 수령하고 싶다는 뜻을 밝혔다. 대만이나 한국과 비교했을 때 필리핀의 피해자들은 정부 지원을 전혀 받지 못하여 경제적으로 어려운 상황인 경우가 많았던 것이 원인 중 하나였다. 이에 필리핀 단체들은 롤라들의 결정을 존중하고 서류절차 등을 지원했다. 동시에 국민기금 수령과는 별도로 생존자 개인에 대한 법적 배상을 위한 투쟁과 요구는 계속될 것임을 분명히 하는 전략을 취했다.

물론 필리핀의 경우에도 국민기금 수령에 대한 입장 차이로 기금 수령 거부 입장을 취한 별개의 조직이 생기는 등 논란과 분열도 있었지만, 단체와 피해자들의 입장 차이가 있었을 때에 그 다양한 의견을 드러낼 수 있었다는 점이 한국이나 대만과는 달랐던 것으로 보인다.

3. 국경을 넘은 '위안부' 운동 연대

여러 나라의 '위안부' 피해자들 간에 만남이나 연대가 있을까?
그런 만남은 어떤 의미가 있고 어떤 목적으로 이루어질까?

1) 유네스코 세계기록유산 공동등재를 위한 노력

2014년 6월 중국은 일본군 '위안부' 자료와 난징대학살 자료 두 건의 세계기록유산 등재를 신청하였는데, 난징대학살 자료는 등재되었으나 '위안부' 자료는 일본 정부의 반대 활동으로 등재가 보류되었다. 이때 유네스코는 중국에게 다른 피해 당사국들과의 공동등재 신청을 권고한 바 있다.

2015년 5월, 한국, 중국, 일본, 대만, 필리핀, 인도네시아, 네덜란드, 동티모르 등 8개국의 14개 시민 단체가 '일본군 위안부 기록물 유네스코 세계기록 유산 공동등재를 위한 국제연대위원회(International Committee for Joint Nomination, ICJN)'를 결성했다. 유네스코 위원회 등재 신청은 가해자의 잘못을 밝히기 위해서가 아니라, 국가 권력에 의해 묻힐 수도 있는 사실이 소멸되지 않도록 지키는 작업이라고 할 수 있다. 2016년 국제연대위원회는 공동등재를 신청했는데, 그 지정 대상은 기록물 2,744건으로 공문서, 사문서, 운영 사실 증명 사료, 피해자 조사 자료와 관련 문서, 문제 해결 활동 기록물 등을 포함한다. 2017년 10월 유네스코는 이 사안과 자료의 중요성을 인정하면서도 일본 측과의 대화를 전제로 등재 보류를 결정했다. 이는 일본 정부의 외교적 압박의 결과라고 관측된다. 연구자 김정현이 평가하듯이 일본 우익이 '위안부' 문제가 평화와 인권을 위한 연대운동으로 성숙되어 가는 변화를 받아들이기를 거부하고, 서구 사회가 이 문제를 인정하고 '위안부' 문제가 유네스코 등재라는 공공성을 확보하는 것에 대해 적극 반대한 결과였다. 현재에도 국제연대위원회는 다시 '위안부' 자료 등재 신청을 하기 위한 연대와 노력을 계속하고 있다.

2) 세계의 여성 성폭력에 반대하는 운동으로 연대

2010년대에 들어서 정대협(현 정의연)은 '위안부' 문제를 세계 여성 성폭력 반대 운동으로 발전시키고자 노력해왔다. 몇 가지 예를 들자면, 2012년 3월 피해자 김복동 할머니와 길원옥 할머니를 중심으로 베트남, 우간다, 콩고 등의 성폭력 희생자들 돕는 나비기금(Butterfly Fund) 조성을 시작했다. 2018년부터는 김복동 평화상을 제정하고 세계의 전시 여성 성폭력 방지 운동에 힘쓴 이들에게 이 상을 수여하고 있다. 첫해에는 우간다 전시 성폭력 운동조직의 책임자에게, 두 번째 해에는 코소보 전시 성폭력에 대한 최초의 증언자에게 상을 수여했다. 또한 '위안부' 문제와 우간다의 전시 성범죄 문제를 연결시키는 캠페인도 계획하였다.

한편에서는 이렇게 초국가적인 '위안부' 운동에 대해 현재 진행되는 여성에 대한 폭력을 부각시킴으로써 우리나라 '위안부' 문제의 가장 중요한 요소 중 하나인 식민지 문제가 축소된다는 우려도 나온다. 그러나 초국가적 운동과 세계 여성운동과의 연결, 연대는 이미 거스를 수 없는 흐름이며, 여기에는 여러 가지 성과가 있었다. 가장 주요한 성과로는 '위안부'를 비롯하여 성폭력 피해자들을 인권운동가로 변화시킬 수 있었다는 점, 이전까지 가려지거나 잊혀졌던 성폭력 문제를 수면 위로 올리고 인권문제화 했다는 점을 들 수 있다. 최근 세계 각지에서 여성들의 '미투 운동'(Me Too Movement, 2017년부터 미국을 중심으로 본격화된, 성폭력이나 성희롱 피해자들이 자신의 피해에 대해 밝히는 사회 운동)이 일어나면서 이전에 일어난 성적인 폭력 사건들이 재조명되는 큰 흐름과도 일맥상통한다고 볼 수 있다. 이 문제에 대한 관심이 높아지면서 국제적 압력을 받은 일본 정부의 태도가 무관심으로부터 사과를 하는 방향(apologetic direction)으로 조금이나마 변화할 수 있었다는 점도 중요한 성과이다.

여기에 덧붙일 것은 '위안부' 문제는 인권 문제로서의 보편성과 식민지 역사의 일부라는 특수성, 두 측면이 모두 중요하며, 이 둘이 공존하기에 '위안부' 운동이 이제까지 발전해올 수 있었다는 점이다. 따라서 이중 어느 한 쪽 방향으로 가야한다는 주장보다는 '위안부' 운동에 관련된 다양한 시각을 존중하고 나아갈 수 있는 길을 찾아가려는 노력이 필요하다.

3) 필리핀 '위안부' 운동을 지원하는 일본인들의 사례

국경을 넘어 '위안부' 운동을 한다는 것은 어떤 의미일까? 이 장을 마무리하면서, 자신의 생각이나 활동을 국적이나 민족으로 한정하지 않고 국경을 넘어 초국가적인 '위안부' 운동에 동참하는 사례들을 소개하고자 한다.

필자는 인터뷰를 통해 일본인으로서 필리핀의 '위안부' 생존자와 운동을 지원하는 두 명의 이야기를 들을 수 있었다. 이들의 활동 내용도 중요하지만, 일본인으로서 그들이 어떻게 '위안부' 운동에 관심을 가지게 되었고 적극적인 후원자 및 활동가가 되었는지, 그들의 개인적인 이야기에 관심을 가지고 대화를 진행하였다.

사와다 마사노부는 필리핀 마닐라에 살고 있는 일본인으로, 마닐라 현지 일본어 신문의 기자로 일하고 있다. 그는 필리핀의 언어인 타갈로그(Tagalog)어에 능통하여 1990년대 초에 필리핀 '위안부' 피해자들이 일본 법원에 소송을 제기했을 때 재판을 위한 통역 일을 하면서 '위안부' 문제에 대해서 처음 알게 되었다고 한다. 일본 법정에서 필리핀의 첫 증언자인 마리아 로사 헨슨 할머니의 통역을 했고, 전쟁 중에 일본군이 그런 비인간적인 범죄를 저질렀다는 사실에 충격을 받았다. 그 과정에서 생존자들과 대화를 나누면서 개인적인 관계를 맺게 되었고, 롤라들의 인간적인 모습을 보면서 '위안부' 문제에 개인적인 관심을 가지게 되었다. 그는 몇 년 후인 1996년에 필리핀으로 이주했는데, 롤라들과의 관계가 필리핀으로 이주하게 된 이유 중 하나였던 것 같다고 회상했다. 그는 필리핀에 살면서 '위안부' 운동 활동에 좀 더 관여하게 되었고 단순히 그들의 통역이나 지지자를 넘어 롤라들과 손주, 가족 같은 관계를 맺게 되었다.

20년이 넘은 지금까지도 롤라들의 증언 활동, 일본 여행 등에 동행하고 일본에서 학생들이나 작가, 다큐멘터리 제작자 등이 찾아오면 통역해 주는 등의 형태로 롤라들을 돕고 있다. 그는 롤라들의 정의를 위한 투쟁에 함께하는 지지자, 동행자의 역할이 얼마나 중요한지를 느끼게 되었다고 한다. '위안부' 운동에 관여하면서 세계관이나 시각의 변화가 있었는지를 묻자, 그는 자신이 '위안부' 문제를 몰랐다면 대다수의 일본인들처럼 자신도 일본이 제2차 세계대전의 피해자(특히 원자폭탄으로 인한 피해)라는 생각을 가지고 살았을 것이라고 말했다. 그러나 '위안부' 문제에 대해서 알게 되고 눈이 뜨이면서 다른 나라, 다른 사람들의 입장에 대해서 생각해 보게 되었고, 옳은 일을 위해 투쟁하는 것의 중요성을 깨닫게 되었다고 한다.

두 번째 사례는 후쿠다 미치코이다. 그녀는 특정 단체에 속하지 않고 독립적으로 릴라 필리피나나 필리핀과 일본의 여러 '위안부' 지원 단체와 함께 일하고 개인적으로 이 문제를 알리는 활동을 하는 활동가이다. 그는 고등학생이던 1990년대 중반에 처음 '위안부' 문제에 대해 알게 되었다고 한다. 진보적인 사립 학교에 다녔기 때문에 역사적인 이슈들에 대해 배울 기회가 있었는데, 1995년 일본의 항복 50주년을 맞아, 제2차 세계대전 당시 일본군의 전쟁범죄에 대해 배우는 와중에 '위안부'에 대해서 처음 듣게 되었다고 한다. 이후 나가사키 평화 기념관에서 평화와 관련된 프로젝트에 관여하면서 '위안부'에 대해서 좀 더 깊이 알게 되었고, 일본군이 저지른 범죄에 대해 대다수의 일본인들이 무지하다는 사실에 충격을 받았다고 한다. 하지만 그 사안의 심각성이 너무 커서 오히려 곧바로 행동으로 옮기지 못했고, 자신이 적극적인 활동을 하는 데까지는 10여 년이 걸렸다고 했다.

후쿠다는 이후 평화학(peace studies)을 공부하기 위해 필리핀에 유학하게 되었는데, 거기에서 릴라 필리피나를 알게 되면서 자연스레 필리핀 '위안부' 생존자들의 이야기에 관심을 가지게 되었다. 처음에는 그들의 이야기를 듣고 함께 시간을 보내던 것에서 시작해서 나중에는 더 가까이에서 롤라들을 돕고 싶은 마음에 릴라 필리피나 센터에서 거주하면서 '위안부' 운동에 좀 더 깊이 관여하게 되었다.

그녀가 필리핀의 '위안부' 운동에 더 적극적으로 관여하게 된 결정적인 계기는 당시 릴라 필리피나의 소장이었던 레칠다 엑스트레마두라(Rechilda Extremadura)와의 대화였다. 엑스트레마두라 소장은 후쿠다와 '위안부' 문제 해결에 대한 대화를 나누던 중에 "롤라들은 용감하게 자신들의 경험을 알리는 것으로 이미 그들의 책임을 다했습니다. 이제 우리의 몫을 해야 할 차례지요. 안 그런가요?"라고 말했는데, 그 말이 후쿠다에게 깊이 남았다고 한다. 후쿠다는 특히 범죄를 저지른 일본의 시민들이 더 많은 책임을 져야 한다고 말한다. 일본이 저지른 책임을 회피하려는 태도 때문에 생존자들이 계속해서 상처받고 있기 때문이다.

그녀는 현재 생존자들의 시위 활동, 토론회, 증언 행사, 학교 방문 등 릴라 필리피나의 활동을 지원하는 역할을 하는 한편, '위안부'를 후원하는 다양한 일본 단체들과 함께 대중에게 '위안부' 문제를 알리는 일을 활발히 하고 있다. 그가 함께 일하는 단체에는 Japan Committee for Filipino 'Comfort Women', Lola-net, Japan Nation Action, 오카 마사하루 기념 나가사키 평화자료관, 전쟁의 기억과 상처 치유 관련 활동을 하는 국제 NGO 단체 CEDAR(Communities Engaging with Difference and Religion) 등이 있다. 또 개인적인 연락망으로 전화 통화와 화상 통화 모임 등을 조직해서 일본인과 학생들이 롤라들과 대화할 수 있는 토론회를 열고, 관련 이야기책을 읽어주는 낭독 이벤트도 진행하고 있다.

그렇다면 일본인으로서 '위안부' 활동을 지지하는 이들에게 어려운 점은 없을까? 현재 일본 사회에서 '위안부' 운동에 대한 부정적인 시각도 많기 때문에 그들이 개인적으로 느끼는 어려움이 있지 않을까?

가족이나 친구들은 그들의 활동을 어떻게 받아들이는지 물었을 때 조금 의외의 답이 돌아왔다. 두 명 모두 가족이나 친구들에게 '위안부' 운동 활동에 대해 자세히 이야기하지 않는다는 것이었다. 일반적인 일본인들은 '위안부'의 역사를 잘 알지 못하고 막연히 부정적인 생각을 가지고 있기 때문이라는 설명이었다. 이들의 경험은 현재 일본 사회에서 이 문제가 어떻게 받아들여지고 있는지를 여실히 보여주는 한편, 앞으로 '위안부' 문제를 어떻게 해결해야 할지에 대한 실마리가 된다.

후쿠다가 처음 '위안부' 문제와 전쟁과 식민지배를 통해 일본이 다른 나라들에 가한 폭력이나 범죄 등에 대해 알게 되어 충격을 받고 그것을 가족들에게 이야기했을 때 가족들은 그녀가 왜 그렇게 크게 분노하고 반응하는지를 이해하지 못했다고 한다. 그 후에도 다른 일본인들과의 만남에서 '위안부' 문제에 대한 활동에 관여한다고 하면 그녀를 정치적으로 극단적인 좌파라는 등으로 공격하는 사람도 있었다고 했다. 사와다 역시 필리핀의 '위안부' 운동에 대한 기사를 쓴 후에 일본인 독자로부터 왜 이미 지나간 문제를 다시 들추냐는 항의 편지나 비난을 받은 경험이 있었다. 이런 경험 때문에 지금은 두 명 다 뜻이 통하고 '위안부'의 정의 실현을 이해할 준비가 된 가까운 사람들을 중심으로 자신의 활동에 대해서 나눈다고 했다. 많은 평범한 일본인들은 '위안부' 문제에 선입견이 있고, 특히 한국에서 '위안부' 운동이 계속되는 데 대해 비판적이거나 부담스럽게 느낀다며, 그러나 정치적인 접근보다는 문제의 본질에 대해 대화하게 될 때 듣는 이들도 피해자들에게 더 잘 공감하고 이 사안에 관심을 가지게 된다는 것이 그들의 공통된 의견이었다.

이는 최근 일본 정권의 정책과 한일 외교관계의 동향과 밀접한 관계가 있다. '위안부' 문제가 한일 간의 정치, 외교적인 문제로 불거졌으나 일본 정부는 '위안부'를 비롯한 일본군의 전쟁범죄 문제에 대해 인권 차원의 문제로 접근하기보다는 일본의 평판을 해치는 것으로 받아들여 해외의 '위안부' 운동의 흐름에 대해 공격적으로 반발하고, 일선 학교에서는 이 문제에 대해 전혀 가르치지 않기 때문이다. 따라서 일본 국민들은 '위안부' 문제의 본질이나 역사적 사실을 모른 채 그것이 극소수의 정치적으로 극단적인 세력만이 다루는 소재라고 인식하는 것이다.

일본 사회에도 이들과 같은 양심의 목소리가 있고 '위안부' 생존자를 지원하는 단체들도 존재한다. 필자가 인터뷰한 두 일본인은 특정 단체나 정치적 논리를 따르지 않고 필리핀의 롤라들과 개인적인 관계를 중심으로 롤라들의 정의를 위한 싸움을 돕고 함께하고 있었다. 비록 아직은 주변에서 그들의 활동을 다 이해하지 못하더라도, 들을 준비가 된 일본인들과 젊은 학생들에게 롤라들의 이야기를 전해주었을 때 그 효과가 크다고 말한다. 이는 그들의 활동이 특정 정부나 정치적인 집단의 성향이 아니라 피해 당사자들,

그리고 그들의 이야기에 초점을 두는 데서 드러나는 진정성 때문일 것이다. '위안부' 문제는 일본 사회가 변화하고 피해자들의 소리를 들을 때에야 완전히 해결될 수 있다는 점을 생각할 때, 이 두 일본인의 활동으로 대변되는 풀뿌리 운동은 작지만 본질적이고 전파력 있는 변화를 일으킬 수 있는 활동이 될 것이다.

7장

미국의 '위안부' 운동

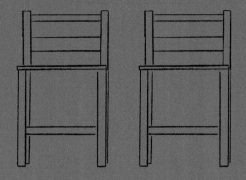

주로 아시아 태평양 지역에서 아시아 여성에게 피해가 일어난 '위안부' 문제는 현대 미국인들과는 큰 관련이 없어 보인다. 그러나 최근 10여 년에 걸쳐 미국 사회에서도 '위안부'에 대한 관심이 높아졌다. 미국 내에서 '위안부' 문제가 제기되면서 그전까지 주로 피해 당사국들을 중심으로 진행되었던 '위안부' 운동은 이전과는 조금 다른 양상을 보이게 되었다.

이 장에서는 '위안부' 문제의 당사국이 아닌 미국에서 이 문제가 어떻게 주목받게 되었고 주요한 특징은 무엇인지 살펴보려고 한다.

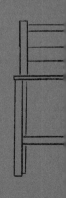

1. 미국에서 '위안부' 운동의 시작

왜 피해 당사국도 아닌 미국에서 '위안부' 운동이 주목받게 되었을까?

미국에서 '위안부' 문제가 주목을 받게 된 데에는 미국 사회 내부의 변화가 중요한 요인으로 작용했다. 1990년대에 이르러서 성폭력이 사적인 문제가 아니라 힘과 권력에 의한 범죄라는 것이 미국 형사법정에서 인정되었고, 같은 시기에 유고슬라비아와 르완다 내전에서 일어난 강간과 여성에 대한 성폭력이 언론을 통해 보도되었다. 강간이 공개적인 토론과 정치적 이슈가 된 시대 분위기를 배경으로, 한국을 비롯해 아시아 각지에서 '위안부' 증언과 고발이 이어지면서 '위안부' 문제는 성폭력에 대한 인식 고조의 맥락에서 받아들여졌다. 다시 말해, 소식이 전해진 처음부터 미국인들에게 '위안부' 문제는 시대를 초월한 문제로 인식되었던 것이다.

이처럼 미국에서 세계 여러 곳에서 일어나는 여성 인신매매와 전시 성폭력, 여성의 사물화에 대한 관심이 높아지고 여성운동의 목소리가 들리기 시작하면서 '위안부' 문제도 주목받게 되었다. 주로 한인 커뮤니티를 중심으로 '위안부' 문제를 주목하는 관련 단체들이 형성되었고, 이들은 정대협

(현 정의연)이 내세우는 7가지 요구사항 등을 받아들이고 노선을 함께하는 경우가 많았다. 그러면서 한편으로는 미국 내 아시아 이민 커뮤니티들에서 '위안부' 문제를 현대 미국 사회의 문제와 연결시키려는 노력, 특히 최근 전 세계적인 '미투 운동(Me Too Movement)'을 중심으로 한 여성인권의 문제와 연결하여 생각하고자 하는 노력을 하면서 미국 내에서 '위안부' 문제의 중요성도 높아졌다.

2. 대륙을 건넌 소송 운동

어떻게 미국에서 '위안부' 소송이 제기되었을까?
제3국인 미국에서 소송을 한 근거는 무엇이며 그 결과는 어떠했을까?

'위안부' 피해자들이 일본에서 일본 정부를 대상으로 제기한 소송에서 계속해서 패소하고 진전이 없자, 2000년 9월에는 4개국 출신의 15명의 피해자들(한국인 6명, 중국인 4명, 필리핀인 4명, 대만인 1명)이 미국 워싱턴 D.C.의 미 연방지법원(U.S. Court of Appeals for the District of Columbia Circuit)에서 집단 소송(class action lawsuit)을 제기했다. 이 소송은 1789년에 제정된 '외국인 불법인권행위 배상청구권에 관한 법'에 의해 미국이 외국 정부의 반인륜 범죄에 대한 재판 관할권을 가지고 있다는 근거 하에 제기된 것이다. 일본 법정에서 '위안부' 문제가 인정되지 못하자 운동 단체들이 이 문제를 태평양을 넘어 미국으로 가져온 것이었다.

이 소송 제기에 또 다른 배경이 된 것은 1990년대 미국에서 진행된 유대인들의 소송이었다. 1989년 베를린 장벽이 무너진 후 동구권과 소련에서 나치 전범기업 관련 비밀문서가 대거 기밀해제 되면서 유대인 박해에 관여한 전범기업들의 역할이 드러나게 되었다. 전쟁 중 유대인들의 휴면계좌로 큰 이익을 본 보험회사와 은행, 그들의 강제노동으로 이익을 본 독일, 오스트리아, 스위스 등의 기업을 상대로 세계 각지의 유대인 피해자들이 1990년대에 미국 법정에서 소송을 제기한 것이다. 이 집단 소송은 2년여 동안의 협상 기간을 거쳐 1999년 12월 독일 정부와 기업들이 반씩 부담해 70억 달러에 달하는 배상기금을 조성하는 것으로 타결이 되었다. 당시 피해자들의 변호 팀에 있던 배리 피셔(Barry A. Fisher) 변호사에 따르면, 당시 배상금 규모가 워낙 컸기 때문에 기업들이 긴장했고, 무엇보다 독일 정부가 합의를 원했다고 한다. 타결된 배상기금의 일부는 '기억, 책임, 그리고 미래 재단(The Remembrance, Responsibility and the Future Foundation)'을 설립하여 피해자 보상과 후세를 위한 역사교육 등에 쓰이게 되었다.

이러한 홀로코스트 피해자 소송을 모델로 한 '위안부' 피해자들의 소송에서 원고인 '위안부' 생존자들은 그들이 인신매매의 피해자였고 강간과 고문을 당했음을 주장하고 일본 정부의 배상과 공식 사과를 요구했다. 이에 대해 일본은 주권국으로 미국에서 피소당하지 않을 권리가 있다는 주권면책특권(Foreign Sovereign Immunities Act : FSIA)을 내세우면서, 1951년 샌프란시스코 강화조약과 1965년 한일청구권협정에 의해 한국 피해자의 청구권이 소멸되었다고 주장했다. 2001년 10월 연방지법원은 주권면책특권법(FSIA)에 따라 주권국으로서 미국에서 소송 당하지 않을 권리가 있다는 피고 일본 측의 주장을 받아들여 소송을 기각했다. 원고 측이 2심법원에 즉각 항소했으나 이 역시 기각되었다.

2005년 10월에 연방대법원에 상고했으나, 2006년 2월 연방대법원이 최종적으로 심리를 거부함으로써 이 소송은 종결되었다. 그러나 이 소송을 통해 일본이 부정하던 '위안부' 제도에 관련된 많은 역사적 사실을 공적 문서로 남길 수 있었고 국제무대에서 피해자들의 정의 회복을 위한 역사, 정치 인식을 높이는 성과가 있었다.

1심 재판의 판사는 일본 정부의 반인륜적 행위, 피해자들의 피해 사실, 배상의 당위성을 인정했으나, 이 소송이 정치, 외교 사안이어서 사법부가 판단할 문제가 아니라는 이유로 일본의 면책특권 주장을 수용했다. 또 연방법원에서 패소가 아니라 심리를 거부한 것은 소송의 내용에 대한 판단이라기보다는 정치적인 이유 때문에 소를 기각한 것으로 볼 수 있다.

3. 미 연방하원 '위안부' 결의안(2007년)

2007년 미 연방하원의 '위안부' 결의안은 어떻게 통과되었을까? 그 의미를 알아보자.

지금까지 진행된 미국의 '위안부' 운동에서 가장 눈에 띄는 성과는 2007년 미 연방하원의 '위안부' 결의안(H.Res.121) 통과일 것이다. 그러나 이 결의안이 한순간에 만들어져 순조롭게 통과된 것은 아니었다. 그 내용이 다듬어지고 투표에 부쳐지고 통과되는 데까지 10년이 넘는 시간 동안 여러 단계의 조정과 실패의 과정을 거쳤다. 이 결의안 통과는 이 문제에 열정을 가진 여러 개인과 단체들, 거기에 호응한 미국 시민들의 노력이 합쳐진 성과였다고 할 수 있다.

'위안부' 결의안이 본격 제기되기 전에도 미 의회에서 이 문제가 여러 번 다루어졌다. 2000년 미 의회는 일본제국 정부 기록 공개법을 통과시켰고 그 결과 일본군의 전쟁범죄 관련 기밀자료들이 대량 공개되었다. 이로써 연합군 자료에서 전범재판, 포로 심문조서 및 관련 자료, 전보 문서 등이 발굴되어 2000년대 들어서는 미국의 여러 주에서 일본군 '위안부' 관련 결의안이 제기되어 통과된 바 있다. 그리고 최종적으로 2007년 7월 30일 미 하원에서 '위안부'에 대한 의회 결의안이 통과된 것이다.

1) 미 의회 결의안의 역사

'위안부' 문제의 피해국도 아닌 미국의 의회에서 어떻게, 그리고 왜 '위안부'에 대한 결의안이 통과될 수 있었을까? 어떤 사안이 연방의회에서 다루어져 결의안으로 통과되기 위해서는 그것이 미국의 외교 관계와 국가적 이익, 가치에 연관되는 중요성을 부각시킬 수 있어야 하는데 '위안부' 결의안도 마찬가지였다.

1996년부터 2007년까지 총 8건의 '위안부' 관련 결의안이 미 의회에 제출되어서 2007년의 결의안이 통과된 것인데, 그 안에서 '위안부' 문제를 현대 여성의 인권 문제와 연결시키는 방식 또한 발전해 갔음을 엿볼 수 있다. 미국의 조지 W. 부시 정권과 일본 정부는 2001년 미일 안보조약을 재정의하면서 두 나라가 '공유하는 가치'에 근거한 동맹임을 확인했는데, 최종 통과된 '위안부' 결의안에서는 특히 일본이 민간인을 대상으로 저지른 전쟁 범죄에 대한 책임을 회피하게 되면 이 약속을 어기는 셈이라는 점을 지적하고자 했다.

1996년에서 2006년까지 제출된 여섯 건의 결의안은 모두 하원 공동결의안(House Concurrent Resolutions)으로 작성되었다. 공동결의안은 상하 양원에서 통과가 필요하나 의회의 의사를 표시하기 위한 것이고 법안 같은 법적 구속력은 없다. 이 여섯 건의 결의안은 하원의 국제관계위원회(House Committee on International Relations)에서 논의되었으나 투표에 부쳐지는 못했다. 결의안 작성 과정에 관여한 정치학자 민디 코틀러의 정리를 바탕으로 '위안부' 결의안이 최종 통과되기까지의 과정을 간단히 살펴보면 다음과 같다.

1996년 104회 의회에 첫 번째 결의안이 제출되었다. 결의안 제안서에 일본 정부가 제2차 세계대전 중 전쟁포로에 대한 사과를 해야 한다는 내용을 담으면서 '위안부'가 처음으로 언급되었다. 1997년에서 2000년 사이에 열린 105회, 106회 의회에서 '위안부' 문제가 좀 더 주목되었다. 한편 1999년, 캘리포니아 주의회는 '위안부'는 아시아 태평양 전역에서 끌려간 성노예 제도였다는 점이 명시된 청원서를 보냈다. 1999년에는 일리노이주 레인 에반스(Lane Evans) 하원의원이 처음으로 의회에서 '위안부'를 단독 의제로 제출하고 의회 기록에 삽입했다. 일본 정부가 '위안부' 문제에 대해 인정하고 피해자에게 사죄, 배상을 해야 한다는 내용이었다. 2000년에도 에반스 의원이 같은 결의안을 제출했다. 2001년에서 2002년에 걸친 107회, 108회 의회에서 에반스 의원이 처음으로 '위안부'를 단독으로 다룬 하원 결의안(Congressional Resolution)을 제출했다. 이때 재미 한인 커뮤니티와의 협력으로 좀 더 상세한 4가지의 조항이 삽입되었고, 108회 의회에서 같은 결의안이 다시 제출되었다.

2005년에서 2006년에 걸친 109회 의회에서 다시 에반스 의원이 '위안부' 결의안을 제출했다. 그러던 중 에반스 의원이 파킨슨병 투병 생활을 하게 되면서 하원 국제관계위원회 의장이던 일리노이주 헨리 하이드(Henry Hyde) 의원이 그 역할을 이어받게 되었다. 이 결의안은 하이드 의원의 요청으로 일본 정치 전문가인 민디 코틀러가 제안한 내용을 적용했다. 즉, '위안부' 문제가 과거뿐 아니라 현재 인권 문제와 연관되는 것이라는 점을 부각시키고 미국의 외교정책 목표에 맞추어서 일본 정부가 이 문제를 공식적으로 인정하고 책임을 받아들일 것을 요청하는 내용으로 수정한 것이다.

2007년 '위안부' 결의안을 수정하는 작업에는 일본, 한국 역사전문가가 합류하였다. 당시는 미국뿐 아니라 세계적으로 인신매매와 성범죄에 대한 경각심이 높아지는 상황이었고, 보스니아, 코소보, 르완다 등에서 발생한 전시 성폭력 사실이 알려지면서 2007년에 유엔이 '분쟁 하의 성폭력에 관한 유엔 행동(UN Action Against Sexual Violence in Conflict)'라는 기구를 만들고 성폭력을 근본적인 인권침해로 인정하였다.

주미 일본대사관에서는 주미 한국대사관에 항의하는 등 결의안을 저지하려 노력했으나 '위안부' 문제는 이미 한일 외교 관계를 넘어 미국의 문제, 자유주의 및 국제주의적 문제가 되었기 때문에 일본대사관의 저지 노력은 실질적인 효과가 없었다.

2) '위안부' 문제에 대한 풀뿌리 운동

1992년에 처음으로 '위안부' 피해자 황금주 할머니가 워싱턴 D.C. 지역을 방문해 증언을 했다. 이후 워싱턴 지역 한인 커뮤니티를 중심으로 '워싱턴 정신대문제 대책위원회(Washington Coalition for Comfort Women Issues)'가 세워졌다. 이외에도 미국 각지에 한인 인구가 많은 도시를 중심으로 여러 한인 단체들이 '위안부' 문제에 관련된 운동을 벌이게 되는데, 특히 2007년 미 하원 결의안은 이들의 풀뿌리 운동(grassroots movement)의 눈에 띄는 성과였다.

아시아계 미국인 커뮤니티는 '121 Coalition'이라는 단체를 조직하고 소셜미디어를 이용해 캠페인을 알리고 지역구 의원들에게 청원서 보내기 운동을 전개했다. 이는 한국계 젊은이들이 정치 문제에 관심을 가지게 되는 계기가 되었다.

이 단체는 미 연방하원 '위안부' 결의안에 대한 160명의 공동 후원자를 모았다. 여기에 전례 없이 열렬한 아시아인 커뮤니티의 지지가 있었고, 총 200개가 넘는 아시아계 그룹이 여기에 참여했다. 이들의 활동으로 '위안부' 결의안 지지운동은 진정한 아시아계 미국인들의 운동이 되었다고 평가받는다. 풀뿌리 운동은 미 연방하원 '위안부' 결의안 통과이후 기림비 설립 운동에서 가장 큰 원동력의 역할을 했다.

3) 미 연방하원 '위안부' 결의안(H.Res.121)

2007년, 캘리포니아 주 마이크 혼다 의원이 발의자로서 '위안부' 결의안을 하원에 제출했다. 이 결의안이 일본 정부를 비난하거나 미국-일본 관계를 해치기 위한 것이 아니라는 점이 일본계 미국인이라는 그의 정체성을 통해 더욱 강조될 수 있었다.

혼다 의원은 제2차 세계대전 중 미국계 일본인이 강제 수용되었을 때 어린 아이로 생활했던 수용소를 기억하고 있었다. 1941년 일본군의 진주만 공격으로 아시아태평양전쟁이 시작되고 미-일이 적국이 되자 1942년 미국의 프랭클린 D. 루스벨트 대통령은 행정명령(Executive Order) 9066호에 서명하였고, 이후 미국은 미국 내 적성국민들을 거주지에서 내쫓아 수용소에 강제 수용했다. 미국의 교전국은 독일, 이탈리아, 일본이었지만 이 명령의 대상은 주로 일본계 미국인들이었다. 이 행정명령에 따라 주로 미국 서부지역에 거주하던 약 12만 명의 일본계 미국인이 일본 출신이라는 이유만으로 캘리포니아, 아리조나, 아칸소, 와이오밍, 아이다호, 유타, 콜로라도 등에 세워진 10곳의 수용소에 강제 이주되었다.

이후 1988년 미국 연방의회가 H.R.442를 통과시켜 로널드 레이건 대통령이 시민자유법(Civil Liberties Act)에 서명했는데, 이 법안에 따라 미 정부는 제2차 세계대전 당시 자유와 재산권을 잃어버렸던 일본계 미국 시민들에게 대통령이 사과하고 한 사람당 2만 달러씩 상징적인 배상금을 지급하였다.

이와 같은 경험을 한 혼다 의원은 '위안부' 결의안으로 '위안부' 생존자들에 대해서 시민자유법과 같이 애매하지 않고 명확한 공식 사과가 나오기를 희망했다. 그 자신이 국가권력에 의해 인권이 박탈당하는 경험을 했고, 거기에 대해 진정한 사죄와 법적 배상을 받으며 그 역사를 기억하는 것이 얼마나 중요한지를 누구보다도 더 잘 알고 있었던 것이다.

'위안부' 결의안의 통과 과정에서 가장 극적인 장면은 2007년 2월 '위안부' 피해자 세 명이 하원의원 외무위원회(House Foreign Affairs Committee)에서 직접 증언했을 때였다. 전쟁 당시 네덜란드인으로 네덜란드령 동인도에 있다가 피해를 당한 호주인 얀 러프 오헤른(Jan Ruff O'Herne), 한국의 김군자, 이용수 세 명이 증언을 했다.

일본의 아베 정권은 '위안부' 문제가 국제 문제화되고 미국 의회에서 거론되는 데 대해 강하게 반발했다. 아베 정권은 '위안부' 여성들에 대한 강제 연행 사실을 부정했으며 1993년 고노담화의 내용을 전면 재검토하려 시도했다. 미국에서의 움직임을 특히 민감하게 받아들인 일본의 아베 총리를 비롯한 우익 인사들은 2007년 일간지 워싱턴포스트(2007년 6월 14일자)에 '사실들'(The Facts)이라는 제목으로 전면 광고를 게재했다. 이 광고는 '위안부' 여성들을 강제 연행했다는 증거 문서는 발견되지 않았으며 피해자들의 증언이 조작되었고, '위안부'들은 성노예가 아니고 좋은 대우를 받았다는 등의 내용이었다. 이외에도 아베 정권은 미국을 비롯해 전 세계에서 '위안부' 기림비를 없애고 역사를 부인, 축소시키려는 홍보비로 6억 달러에 달하는 예산을 책정했다. 그러나 이런 일본의 적극적인 로비활동은 미 의원들에게 오히려 부정적인 인상을 남겼다. 아베 총리가 일본 의회에서 미국의 '위안부' 결의안을 언급하고 '위안부'의 강제 동원 사실을 다시 한 번 부인한 것 역시 역효과를 불러일으켰다.

미국에서 시민사회와 풀뿌리 운동이 의회에 미치는 영향을 간과한 일본 정부의 대처를 보여준 대목이었다. 과거를 돌아보지 않고 오히려 역사를 부인하려는 일본 정부의 움직임에 대해 국제사회에서 문제 해결을 촉구하는 목소리가 오히려 고조되었다. 이는 미국 내의 한인, 아시아 커뮤니티가 결의안을 지지하도록 하는 데 도움을 주었고, 미국 의회에서 이 문제에 대한 관심을 더 불러일으키는 데 영향을 주었다.

'위안부'가 과거 역사에 대한 한국과 일본 간의 갈등이 아니라 보편적 인권 문제로 설정됨으로써 미국 내에서의 운동이 더 활발해지고 폭넓은 지지를 받았던 것이다. 결국 미 연방하원 '위안부' 결의안(H.Res.121)은 부분적인 수정을 거쳐 2007년 7월 30일에 통과되었다.

결의안의 주요 내용은 다음과 같다 :

"하원은 다음을 결의한다. 일본 정부는 1930년대부터 제2차 세계대전이 끝날 때까지 아시아 국가들과 태평양 제도를 식민지화하거나 점령하는 과정에서

일본 제국군이 강제로 젊은 여성들을 '위안부'라는 이름으로 알려진 성노예로 만든 사실에 대해 확실하고 분명한 태도로 공식 인정하고 사과하고 역사적 책임을 져야 한다."

통과 후 영향력과 여파

혼다 의원은 이 결의안이 대중들에게 이 문제를 알리는 데 큰 역할을 했다고 그 의미를 높게 평가하면서도, 강제성이 없는 결의안이기 때문에 이것은 '위안부' 운동의 첫 번째 단계에 불과하다고 자평했다. 동시에 미 연방하원 결의안 이후 미국 내 여러 주와 도시, 그리고 미국 외 네덜란드 하원(2007년 11월), EU 의회(2007년 12월) 등 여러 나라에서 비슷한 내용의 결의안이 통과되었고, 이로 인해 '위안부' 문제가 국제적 관심을 끌게 된 데에서 결의안의 여파를 확인할 수 있다고 강조했다.

혼다 의원이 언급했듯이 더 많은 사람들에게 이 문제를 알리는 계기가 된 것, 일본이 대사관, 정부 기관 등을 통해 반대 운동을 하고 정면으로 나서도록 함으로써 오히려 '위안부' 운동의 정당성에 힘을 실어주었던 것도 결의안의 성과로 볼 수 있다.

미 연방하원 '위안부' 결의안은 법적 구속력을 가지지는 않았지만 이 문제가 더 널리 알려지는 계기가 되었다. 이로서 '위안부' 문제는 한국과 일본

사이의 역사 분쟁을 넘어서 인권운동, 여성운동의 일환으로 중요성을 인정받게 된 측면이 있다.

그 여파를 생각해 볼 때 혼다 의원의 발언처럼 이 결의안은 '위안부' 운동의 결론이라기보다는 앞으로 나아갈 길을 바라볼 수 있는 전환점을 마련했다고 할 수 있다. 즉, '위안부' 운동을 위시한 성폭력에 반대하는 운동, 전쟁 중 여성인권을 위한 운동에서 중요한 이정표가 되었다.

4. '위안부' 기림비 운동

현재 미국에서 '위안부' 운동은 어떤 식으로 진행되고 있을까?

미국 연방하원 결의안이 통과된 이래 미국 내 여러 곳에 '위안부' 기림비가 세워졌다. 1998년 이래 한국, 필리핀, 중국, 호주 등 여러 나라에 '위안부'를 기리는 기념물이 세워졌지만, 미국은 한국 밖에서는 가장 많은 수의 '위안부' 기념물이 세워진 나라이다.

워싱턴 정신대문제 대책위원회의 이사장 이정실이 언급했듯이 공공장소에 세워지는 고통의 역사에 대한 기념물(기림비, 조각상 등)은 피해자들의 정신적 외상(트라우마)과 수치심, 죄책감을 치유하는 한 방편이 된다. 피해자들이 내면적으로 겪어온 고통을 공개적으로 내놓고 알릴 수 있는 기회를 제공하기 때문이다. 동시에 기념물은 그 사건에 대한 대중의 인식을 높임으로써 트라우마의 공적, 사적 영역이 합쳐지는 효과를 낸다. 공공 기념물은 이를 보는 관람객들이 자신이 겪은 폭력과 비슷한 상처를 치유받을 수 있는 '경계 공간'(liminal space)을 제공하기도 한다.

더 넓은 의미에서 '위안부' 기념물들은 시민들에게 '위안부' 역사를 알리고 이러한 인권침해가 다시 일어나서는 안된다는 점을 다음 세대에게 교육시키는 역할을 하고 있다. 미국에 세워진 '위안부' 기념물들은 다양한 반응과 논쟁을 낳으며, 때로는 공공기물 파손행위(vandalism)의 대상이 되기도 한다. 즉, 미국에 세워진 기념물들은 미국에서의 '위안부' 운동의 여러 측면을 보여주는 상징적인 존재가 되었다.

2010년 뉴저지주 팰리세이즈 파크(Palisades Park) 공공 도서관 앞에 미국 최초의 '위안부' 기림비가 세워진 것을 시작으로, 2012년 뉴욕주 나소 카운티 웨스트베리(Westbury, Nassau County)에 있는 참전용사 기념관(Veterans Memorial, Eisenhower Park)에 또 다른 기림비가 세워지고, 2년 후인 2014년 뉴욕 주의회에서 통과된 '위안부' 결의안(New York State Resolution J 304)이 새겨진 또 다른 기림비가 바로 옆에 세워졌다. 2013년에는 뉴저지주 버겐 카운티(Bergen Country)의 카운티 법원 앞에 기림비가 제막되었다. 2013년 캘리포니아주 글렌데일시에 소녀상(Statue of Peace)이 세워졌고, 2014년 버지니아주 페어팩스 카운티 알렉산드리아(Alexandria, Fairfax County)에는 '위안부' 기림비를 중심으로 한 작은 정원이 조성되었다. 2014년 뉴저지주 유니온 시티(Union City), 2014년 미시간주 사우스필드(Southfield), 2017년 조지아주 브룩헤이븐(Brookhaven), 2017년 샌프란시스코, 2017년 뉴저지주 클리프사이드 파크(Cliffside Park), 2017년 뉴욕 한인이민사 박물관, 2018년 뉴저지주 포트리(Fort Lee), 2019년 버지니아주 애넌데일(Annandale)에도 '위안부' 기림비 혹은 조각상이 세워졌고, 이런 움직임은 현재에도 계속되고 있다.

5. 미국 '위안부' 운동의 특징

미국 '위안부' 운동의 특징은 무엇일까? 우리나라 등 아시아에서 진행된
'위안부' 운동과 무엇이 어떻게 다른지 알아본다

미국 각지에서 '위안부' 결의안이 통과되고 기림비가 설치되는 과정을
살펴보면 미국 내 '위안부' 운동의 몇 가지 두드러진 특징이 보인다.

첫 번째, 미국 여러 도시에서 '위안부' 결의안 통과와 기림비 설치가 가능
했던 것은 한국계 미국인 시민 단체들이 주도하는 풀뿌리 운동으로 시민과
공공 영역의 파트너쉽이 형성되었기 때문이었다.

각 도시의 공공장소에 기림비를 세우는 것은 단순히 몇몇 한인 단체가
결정해서 마음대로 세울 수 있는 것이 아니라, 그 지역 커뮤니티 구성원들
이 이 문제에 대해 인식하고 기림비의 필요성, 효과, 의미에 대해 동의를 해
야 가능한 것이다. 다른 말로 하면, 공동체 안에서의 논의와 동의 과정을 거
쳐 기림비가 세워지고 나면 어느 한두 명의 근거 없는 비방과 항의, 외국 정
부(즉, 일본 정부)의 압박으로 쉽게 번복될 수 없다.

미국, 유럽, 호주 등에서 몇몇 단체가 지역사회의 동의를 충분히 구하지
않고 공공부지에 기림비를 세우려 했다가 실패하고 결국 사유지로 옮기게

된 경우가 여럿 있었다. 반면 팰리세이즈 파크나 샌프란시스코 등 공공부지에 세워지고 시민들에게 영향력을 미치게 된 성공적인 케이스들의 공통점은 철저하게 (한국계 미국인들을 포함한) 미국 시민들의 힘으로 이루어낸 성과라는 것이다. 현지 지역 커뮤니티를 중심으로 현지 유권자들의 주도로 세워져야 기념물로서 의의와 영향력이 있다는 것이 중요한 점이다. 그렇기 때문에 길고 복잡하더라도 '위안부' 문제의 중요성과 기림비 설립의 의미에 대해서 커뮤니티 구성원들에게 충분히 설명하고 그들의 동의를 받는 과정을 하나씩 잘 밟아가는 과정이 필요하다.

이러한 과정에서 풀뿌리 운동은 결정적인 역할을 담당했다. 미국에서 최초의 '위안부' 기림비가 세워진 팰리세이즈 파크의 경우, KACE(Korean American Civic Empowerment, 시민참여센터)라는 지역 한인 단체가 그 과정을 주도했다. 이 단체의 여름 인턴쉽으로 활동하던 학생들이 뉴욕과 뉴저지 지역에서 기림비 설립안에 대한 청원서를 만들고 지역 주민들의 서명을 받아서 기림비 설립의 필요성에 대한 보고서와 청원서를 버겐 카운티의 관리들 앞에서 발표했으며, 2010년에 팰리세이즈 파크 시의회에서 투표를 통해 결의안이 통과되었다. 그리고 같은 해에 기림비가 제작, 공개되었다.

2013년 7월에 세워진 캘리포니아 글렌데일 소녀상은 미국 서부에 처음으로 세워진 '위안부' 기념물로, 서울의 일본대사관 앞에 세워진 평화의 소녀상을 그대로 만든 것이다. 팰리세이즈 파크의 기림비와 비슷하게, 한국계 미국인 단체인 KAFC(Korean American Forum of California, 현 Comfort Women Action for Redress and Education, 이하 CARE)가 글렌데일 시의회에 청원하는 과정을 거쳐 시의회의 결정으로 세워졌다. LA 한인 커뮤니티의 관심과 지원이 있었고, 할머니들을 초청해서 글렌데일 시의원, 대학 관계자들, 주요 언론에 알린 결과 '위안부' 문제를 주류사회에 알리고 지지를 받을 수 있었다. CARE의 김현정 대표는 필자와의 인터뷰에서 개인적으로 미 연방하원의 결의안 통과 후 캘리포니아에 기림비 설치를 추진하는 과정에 참여하게 되어 '위안부' 운동에 대한 이해가 깊어졌고, 그것이 본격적으로 '위안부' 운동에 참여하게 되는 계기가 되었다고 밝혔다. 특히 캘리포니아 안의 여러 도시와 대학교 등 100여 곳에 제안서를 보내고 할머니들을 모시고 강연과 미팅을 하는 등의 과정에서 미국 정부를 움직여 성과를 내기 위해서는 현지 정치권을 움직일 수 있는 정치력과 풀뿌리 대중운동이 새의 양 날개처럼 결합이 되어야 한다는 것을 깨달았다고 한다. 소녀상 설치 비용은 지역의 한인 커뮤니티와 지역 커뮤니티에서 모금으로 조달했다.

미국 도시의 시민과 공공 기관 간의 파트너십이 한인사회 안에서의 활동만으로 불가능하다는 것은 자명하다. 미국 사회에는 다양한 인종과 문화가 뒤섞여 있다. 다시 말해서, 미국 내 한인 단체들의 활동이라고 해도 한국의 입장, 국가주의적 관점이 아니라 미국 현지의 납세자, 유권자의 권리 행사라는 차원에서 접근할 필요가 있다. 다인종이 함께하는 미국에서 현지 커뮤니티의 지지를 얻기 위해서는 모두가 공감하고 지지할 수 있는 보편적인 설득력을 가져야 하기 때문이다.

김현정 대표는 글렌데일 소녀상 설치를 추진하는 과정에서 반일의 메시지가 아니라 아직도 해결을 요구하는 피해자들이 있기에 일본이 '위안부' 문제를 해결하는 것이 결국 일본을 위해서도 좋은 일이라는 것, 그리고 다함께 세계 여성인권을 위해 노력해야 한다는 메시지가 효과적으로 전달되었다고 평했다. 역사학자 임지현은 글렌데일에 소녀상이 설 수 있었던 이유를 '기억과 희생의 연대'라고 표현했다. 이곳에 아르메니아인 공동체가 크게 자리하고 있고, 그들은 19세기 후반에서부터 20세기 초반까지 오스만 제국에 의한 대량학살의 기억을 가지고 있으며 현재의 터키 정부가 이를 부인하는 모습이 일본의 과거사에 대한 대처와 비슷하다고 느꼈다는 것이다. 아르메니아인 공동체를 포함한 지역 커뮤니티의 지지와 동의를 얻어 세워졌기 때문에, 글렌데일 소녀상의 철거를 요구하는 소송이 제기되었을 때에도 지역 시민 단체들이 주도하여 소녀상 지키기 운동이 전개되었다.

두 번째 특징은 미국에서 '위안부' 운동은 보편적인 인권과 여성인권의 문제로 제시되었고 그러면서 대중의 호응을 불러일으켰다는 점이다. 미 연방하원 '위안부' 결의안이 통과될 때 의원들이 '위안부' 문제가 먼 나라에서 오래 전에 일어난 사건일 뿐 아니라 현재 미국 사회와도 관련이 있다는 점을 받아들이고 결의안을 통과시켰던 것도 일맥상통한다.

뉴욕, 뉴저지 지역에서의 '위안부' 운동에서도 이 점이 잘 드러난다. 2011년 12월 KACE와 뉴욕주 베이사이드(Bayside)의 쿠퍼버그 홀로코스트 센터(Kupferberg Holocaust Resource Center and Archives)는 두 명의 홀로코스트 생존자 할머니들과 한국에서 온 두 명의 '위안부' 생존자 할머니들이 만나는 행사를 개최했다. 네 명의 생존자들은 서로의 경험을 나누었고 의자매를 맺었으며, 행사는 이 네 명의 생존자들이 일본 정부의 공식 사과와 배상을 공동으로 요구하는 것으로 마무리되었다. 홀로코스트라는 반인류적 범죄와 '위안부'의 역사가 연결지어진 상징적인 행사에서 생존자들이 수많은 민간인 전쟁범죄 피해자들을 대표하여 인권과 명예 회복을 요구한 것이다. 이는 미국 국민들에게 홀로코스트만큼 '위안부' 제도 역시 심각한 인권 유린이며 전쟁범죄라는 점을 알리는 계기가 되었다.

KACE가 주도하여 뉴저지주 버겐 카운티에 세운 기림비도 또 하나의 좋은 사례이다. 카운티 내 70여 개의 타운을 대표하는 버겐 카운티 주민 위원회에서 '위안부' 기림비 설치 결의안이 통과하여 2013년 3월 8일 세계 여성의 날에 기림비가 제막되었다. 이 기림비는 카운티 법원 건물 앞에 있는 다른 네 개의 기림비 옆에 자리하고 있다. 이 기림비들은 각각 흑인 노예제도, 아르메니안 학살, 홀로코스트, 아일랜드 기아 사태(Irish Great Famine)를 기념한다. '위안부' 기림비가 그 옆에 자리함으로써 세계 역사에서 주요한 인권 유린을 기리고 방지하는 대표적인 사건의 하나라는 상징성을 띄게 되었다.

다음 사례는 샌프란시스코 조각상이다. 샌프란시스코 시내 세인트 메리 광장(St. Mary's Square)에 세워진 이 조각상은 2017년 9월에 공개되었는데, 이는 미국의 주요 도시로서는 처음으로 '위안부' 기념물을 설치한 사례가 되었다. 조각상은 네 명의 인물 조각으로 이루어져 있다. 최초 증언자인 김학순 할머니의 상이 세 소녀를 올려다 보고 있는 모습인데, 그 세 소녀는 각각 한국, 중국, 필리핀 옷을 입고 다국적인 여러 피해자들을 대표한다. 조각상 앞에는 다음의 문구가 새겨져 있다.

"이 기림비는 1931년에서 1945년까지 13개국의 아시아와 태평양 국가들에서 일본 제국군에 의해 성노예화 되었고 '위안부'라는 미화된 용어로 불렸던 수십만 명의 여성들과 소녀들의 고통에 대한 증언이다."

"This monument bears witness to the suffering of hundreds of thousands of women and girls euphemistically called 'Comfort Women,' who were sexually enslaved by the Japanese Imperial Armed Forces in thirteen Asian-Pacific countries from 1931 to 1945."

샌프란시스코 시내에 세워진
'위안부' 기념 조각상,
Women's Column of Strength
사진 제공 : Phyllis Kim

이 조각상의 모습이 상징하는 것처럼, 샌프란시스코 조각상을 세우게 된 과정에도 초국가적, 초인종적 운동이 눈에 띈다. 샌프란시스코의 경우에는 Comfort Women Justice Coalition(CWJC)이라는 지역 단체가 주도했는데, 이 단체는 여러 인종의 여성들이 주도하는 단체라는 점이 특징이다. 중국계 미국인인 판사 릴리안 싱(Lillian Sing)과 줄리 탱(Julie Tang)이 주도하고 있는데 이들은 난징대학살과 관련된 활동을 해오다가 '위안부' 운동에 헌신하기 위해서 20년 넘게 재직해 온 판사직을 사임하고 이 운동에 전념해 왔다. CWJC는 샌프란시스코 조각상 제막식에서 낸 성명에서 다음과 같이 이 기념물의 초국가적, 현재적 성격을 강조하고 지금도 자행되고 있는 여성에 대한 성폭력과의 연결성을 강조한다. 다음은 성명의 일부이다.

"우리는 모든 형태의 성폭력 범죄에 반대하고 성차별주의, 인종주의, 식민주의, 그리고 그것을 부추기는 전쟁을 종결시키려는 우리의 투쟁을 계속할 것을 맹세한다. 이 기념물 앞에 연대하여 서서, 우리는 모든 여성과 소녀들이 존중과 존엄성을 인정받는 삶을 살 수 있는, 성폭력 범죄의 두려움으로부터 자유로운 세계를 꿈꾼다."

"We pledge to continue our struggle against all forms of sexual violence, and for an end to the sexism, racism, colonialism, and war that fuel it. Standing here united in front of the memorial, we envision a world free from fear of sexual violence where all women and girls can live a life with respect and dignity."

"그들의 발자취를 따라서 우리는 성폭력 범죄로 고통받아 온 모든 이들과 연대한다. 우리는 우리 사회의 인신매매 피해자들, 야지디 여성들, 시리아, 콩고, 멕시코 후아레즈, 그리고 모든 군부대 부근에서 피해를 입은 여성들을 기억한다. 또한 우리는 과거에 대서양을 넘어온 노예무역과 토착민 학살 중에 성폭력 범죄의 고통을 겪었던 이들을 기린다."

"... following their footsteps, we stand in solidarity with all those who have suffered from sexual violence. We are thinking of those in our communities who have been forced into sex trafficking, of the Yazidi women, the women in Syria, in Congo, and in Juarez, Mexico, and all those living near military bases. We are also thinking of those who suffered from sexual violence in the past, during the trans-Atlantic slave trade and the genocide of indigenous people."

2015년 샌프란시스코시 감리위원회(Board of Supervisors)는 지역사회에 여성과 어린 소녀 인신매매에 대해 계몽하려는 의도에서 시내에 '위안부' 기념물을 세울 것을 결의했다. 이 조각상 공개를 전후하여 샌프란시스코 주재 일본영사관은 강한 반감을 표시했으며, 2017년 조각상이 제막되고 1년 후 샌프란시스코와 자매 도시였던 일본 오사카시의 요시무라 히로후미 시장은 샌프란시스코와 오사카시의 자매결연을 끊겠다고 통보했다. 뒤에서 더 설명하겠지만, 이런 일본 극우의 대처는 오히려 미국 시민들이 이 문제에 관심을 갖도록 하는 효과가 있었다.

요컨대, 미국에서의 '위안부' 운동은 초점을 과거로부터 현재와 미래로 옮김으로써 운동의 관점을 확장한 면이 있다. 이런 시각의 확장으로 '위안부' 문제가 인류 보편적인 문제로 자리매김하게 되었으며 다양한 배경과 문화, 인종을 뛰어넘은 지지자들을 모을 수 있게 되었다.

세 번째 특징은 두 번째 특징과도 연결되는 것인데, 미국에서의 운동은 '위안부' 문제를 특별히 오늘날의 문제, 즉 현재 미국 사회에서 문제가 되어 온 인신매매와 연결지어 더 큰 호응을 받을 수 있었다는 점이다.

가장 대표적인 예는 2014년 버지니아주 패어팩스 카운티에 세워진 '위안부' 기념 평화정원(Comfort Women Memorial Peace Garden)이다. WCCW가 이 기념물 설립을 제안했을 때 카운티 공무원들은 '위안부' 문제를 인류 보편적인 여성인권침해 사건임을 인정했다. 2014년에 패어팩스 카운티는 이 지역의 십대 인신매매와 성범죄 사례 증가에 이에 대한 경각심을 높이는 캠페인을 시작했기 때문에 그 취지에도 잘 맞아떨어졌던 것이다.

이에 대해 버지니아주 헐든(Herndon)의 지역의회 의원인 그레이스 한

울프(Grace Han Wolf)는 이렇게 설명했다. "이것은 일본과 한국만의 문제가 아닙니다.(…) 역사적 맥락을 떼어 놓고 보면, 이것은 현대의 일부 소녀들에게 일어나는 사건일 수도 있습니다."

이 기념 공원 헌정 행사에서 페어팩스 카운티 책임자인 샤론 블로바(Sharon Bulova)는 "이 기념물은 어떤 사람들이 힘이 없고 두려워서 변화를 일으키지 못하는 조건에서 살고 있을 수도 있다는 것을 보여주는 미묘한 징조들에 대해 우리가 더 민감할 수 있도록 해준다."라고 발언했다. '위안부'를 기억함으로써 우리가 여성의 권리와 인신매매의 위험성에 대해 민감하게 의식할 수 있으며, 이는 현대 우리 사회에서 일어나는 인신매매와 성폭력을 방지하는 데 도움이 될 것이라는 설명이다.

미국 화가 스티븐 카발로(Steven Cavallo)가 '위안부' 문제에 관심을 가지고 이를 주제로 한 여러 건의 작품을 발표하게 된 것도 인권 문제에 대한 그의 꾸준한 관심 때문이었다. 그는 우연히 '위안부' 문제에 대해 알게 되었는데, 현대 인신매매에도 관심을 가져온 그는 과거나 현재나 비슷한 방법으로 피해자들이 희생당한다는 것을 알게 되었다. 그는 직접 한국의 나눔의 집에 가서 생존자 할머니들과 여러 날 동안 함께 생활하면서 그들의 이야기를 그림으로 그려야겠다고 결심했다.

필자와의 인터뷰에서 카발로는 할머니들을 직접 만나 개인적인 관계를 맺게 되면서 그들이 통계나 '위안부'라는 이름만으로는 대변될 수 없는, 불행한 일을 겪었을 뿐인 '진짜 사람들'이라는 것을 절실히 느꼈다고 말했다. 할머니들과 인간적인 관계를 맺으면서 인생을 바라보는 시선이 바뀌었다는 그의 이야기는 필리핀 운동을 지원하는 일본인 활동가들의 경험과도 통

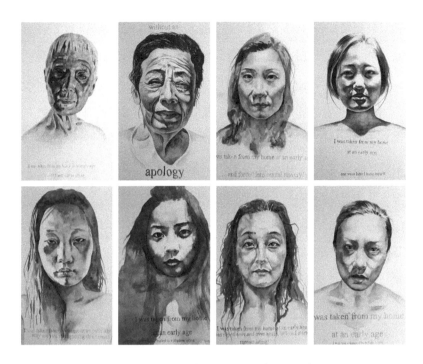

스티븐 카발로(Steven Cavallo), '추도사(The Eulogies)' 연작, 수채화, 2014.

이미지 제공 : 스티븐 카발로

한다. 카발로는 그림을 통해 그들이 겪었던 아픔과 고통을 표현하기를 바랐다. 할머니들의 이야기를 자신의 작품을 홍보하는 데 이용하고 싶지는 않기에 자원봉사하는 마음으로 '위안부' 운동에 동참해 왔다고 밝혔다.

그는 미국 내 최초의 '위안부' 기념물인 뉴저지주 팰리세이즈 파크 기림비(2010년 제막)를 디자인하기도 했다. 또 그가 완성한 '위안부' 그림 작품들은 한국 서울, 광주와 미국 캘리포니아, 뉴욕, 뉴저지 등 여러 도시에서 열린 수십 회 이상의 전시회에서 전시되었다. 그의 작품 중 많은 사람들에게 깊은 인상을 남긴 것은 '추도사'(Eulogies)라는 제목의 시리즈로, 여성들의 초상화 아래 그들의 이야기가 쓰여 있는 8장의 그림으로 구성되어 있다. 예를 들어, 젊은 여성의 초상화 아래 "나는 어린 나이에 집에 있다가 잡혀 갔다."라는 글이, 나이든 여성의 초상화 아래에는 "나는 어린 나이에 잡혀 갔고, 침묵하지 않을 것이다."라는 글이 써있다. 피해 여성들이 그림이라는 매체를 통해 자신의 이야기를 직접 전하도록 하는 것이 이 작품의 의도이다. 관람객은 그림 속의 여성 한 명 한 명과 눈을 마주치면서 '왜 이런 일이 생겼을까, 왜 막지 못했을까'를 생각하게 된다.

작가의 의도대로 이 작품은 여러 사람들에게 강렬한 인상을 남겼고 더 많은 대중이 '위안부' 문제에 관심을 가지게 되는 데 공헌했다. 지금도 카발로는 인신매매 피해에 관련된 작품 활동을 이어가고 있다.

점점 더 많은 미국 학교에서 '위안부' 문제를 가르치는 것에도 '위안부' 문제와 현대 인신매매 문제를 연결시켜 가르칠 수 있다는 점이 큰 동력이 되었다. 2016년 캘리포니아주 교육부는 캘리포니아 공교육 10학년 세계역사/사회 과목 교육안에 '위안부' 문제를 삽입할 것을 결정했다. 그 내용에는 '위안부' 제도를 '제도화된 성노예의 한 사례이자, 20세기에 일어난 인신매매의 가장 큰 규모의 사건 중 하나'라고 가르칠 것을 명시하고 있다. 캘리포니아에서 '위안부' 문제에 대한 인식이 높아지고 시민단체들의 운동이 활발해지면서 2만여 명 이상의 청원을 받아 캘리포니아주 교육부에 제출한 결과였다.

캘리포니아 10학년 세계사, 사회 과목 교육안에 포함된 '위안부' 관련 내용은 다음과 같다.

'위안부'는 전쟁 전과 전쟁 중에 점령 지역에서 일본군에 의해 강제로 동원되어 성노예 생활을 했던 여성들을 가리키는 미화된 표현이다. '위안부' 문제는 제도화된 성노예의 한 사례로 가르칠 수 있다. '위안부' 피해자의 총 숫자는 다양하게 추산되나 대부분 일본이 점령한 동안 수십만 명의 여성들이 끌려가 피해를 당했다는 데 동의한다. 2015년 12월 28일, 일본과 대한민국 정부는 '위안부' 문제에 대해 합의했다.

여타 '위안부' 운동에 대해서와 마찬가지로 일본계 역사 부정론자들이 '위안부' 교육에 반대하는 온라인 청원을 올리고 공청회에서 저지 노력을 했으나 성공하지 못했다. 미국 내 '위안부' 교육의 내용에 대해서는 다음 장에서 더 자세히 다루도록 하겠다.

마지막으로 네 번째 특징은, '위안부' 피해 당사자들의 활동상이 미국에서 더욱 두드러진다는 것이다. 미국에서의 '위안부' 운동은 이전까지 피해국가들 내에서 활발하게 진행되던 시위나 운동에 비해서 여러 논쟁을 낳고 공격을 받기도 했다. 이는 미국이 '위안부' 피해·가해국이 아닌 제3의 장소이면서도 여러 다양한 민족, 문화 구성원으로 이루어진 나라라는 배경과, 유독 서구 사회, 특히 미국에서 국가의 위신과 평판에 민감한 일본 정부의 태도 때문이었다.

그런데 논란이 일 때마다 그것을 종식시킨 가장 강력한 힘은 다름 아닌 피해자들에게서 나왔다. '위안부'의 역사가 아주 먼 곳에서 먼 옛날에 일어난 지나간 이야기가 아니라 그 당사자가 아직도 생생하게 그 이야기를 기억하고 고령의 나이에도 증언자로 나선다는 사실이 미국 시민들에게 큰 인상을 남겼기 때문이다.

샌프란시스코 '위안부' 기림비를 세우기 위해 열린 2015년 시 공청회에서 피해자 이용수 할머니가 증언을 했고, 그 자리에서 일본계 극우단체 대표가 '위안부'들은 '자발적으로 간 매춘부'라고 발언했다. 방금 할머니의 생생한 증언에 감동받았던 청중은 역사의 산증인을 모욕하는 극우단체를 강하게 비판했다. 공청회 이전에 샌프란시스코 시의원 11명 중 3명은 부정적이거나 유보적 입장이었지만 공청회 후 그들 역시 찬성의 입장으로 바뀌었다. 그 결과로 세워진 샌프란시스코 기림비 제막식에 참석한 이용수 할머니는 축사에서 '역사는 잊히는 것이 아니라 오늘의 이야기'임을 강조했다.

미국에서 '위안부' 운동의 미래를 묻는 질문에 CARE의 김현정 대표는 긍정적인 전망을 내놓았다. '위안부' 문제는 아직 해결되지 않은 문제이면서도 모든 여성이 공감할 수 있는, 계속되는 여성에 대한 성폭력의 문제이기 때문에 중요성을 인정받고 있다는 것이다. 여기에 역사 부정론으로 일관하는 극우 성향의 일본 정권의 태도가 맞물려서 미국의 젊은 세대들이 공감과 분노를 표하고 있기 때문에 일본이 이 문제를 덮으려고 할수록 '위안부' 문제는 더욱 생명력을 가질 것이라고 전망했다. 실제로 미국에서 이 문제를 알렸을 때 미국 시민들은 인류 보편적인 여성인권 문제로 접근하는 데 대해 더 크게 공감하며, 최근 미국에서 큰 문제가 된 미투 운동과도 연관성을 발견하고 여성의 신체에 대한 구속, 인권 탄압에 대한 반감을 표시한다고 한다. 할머니들의 증언에 대해서도 일본에 대한 비난으로 받아들이기보다는 훨씬 더 보편적인 정의 대 불의의 문제로 받아들이는 경향이 강하다는 것이다.

이러한 면에서 '위안부' 문제를 다양한 형태로 알리고 폭넓은 공감과 지지를 얻는 것이 '위안부' 문제를 해결하는 데 가장 중요한 방향이 된다는 것을 또다시 확인할 수 있다.

6. 일본의 반대 운동

미국의 '위안부' 운동에 대해 일본은 어떤 입장일까?

　일본 정부가 '위안부' 문제 해결을 위한 노력보다는 역사를 왜곡, 축소하려 하고 서울과 부산에 설치된 소녀상을 철거시키기 위한 노력을 해온 것은 많이 알려진 사실이다. 최근 '위안부' 문제가 여러 나라에 알려지면서 일본 정부는 이를 자국에 대한 공격으로 받아들이고 더욱 민감하게 반응해왔다. 미 의회 결의안을 비롯하여 미국 각지의 '위안부' 기림비 운동을 저지하려는 노력을 주미 대사관, 영사관을 통해 계속하고 있으며 이를 지지하는 일부 일본계 미국인들도 '위안부' 문제를 다루는 신문사나 출판사, 단체, 기림비를 세우는 도시의 관청 등에 항의 서한을 보내는 등 반대 활동을 벌이고 있으나 큰 호응을 받지는 못하고 있다.

　2012년에는 미국을 방문한 일본 국회의원단과 뉴욕 일본 총영사관이 각각 뉴저지주 팰리세이즈 파크 시장과 면담했다. 이들은 '위안부' 제도가 민영업자들이 운영한 것이었고 조선의 '위안부'들은 자원해서 일한 것이라고 주장하며 기림비의 철거를 요청했다. 팰리세이즈 파크 시장은 이 요청을 거절하면서, 이 기림비는 일본을 비판하기 위한 것이 아니라 어린 세대에게 전쟁의 참상을 알리기 위한 것이며 미국 시민들이 세운 것임을 강조했다.

2012년 11월 6일 뉴저지의 지역 일간지인 스타레저(The Star-Ledger)에 "네, 사실을 기억합니다(Yes, We Remember the Facts)."라는 전면광고가 게재되었다. 이는 2007년 워싱턴포스트에 게재했던 유료광고의 개정판으로 일본의 Committee for Historical Facts라는 단체가 게재한 것인데, 서명자에 38명의 일본 국회의원, 14명의 학자와 지식인, 그리고 신조 아베 총리도 포함되었다. 이 광고 역시 '위안부'들이 강제로 동원되었다는 근거가 없다고 주장하며 팰리세이즈 파크의 기림비를 반대하는 내용이었다.

글렌데일시 소녀상 소송 사건

2014년에는 일본 정치인들은 글렌데일시의 소녀상이 아이들이 방문하는 장소에 부적절한 기념물이며 일본의 명예(Japanese honor)를 훼손한다는 이유로 글렌데일시에 소녀상 철거를 요구했다.

이어서 2014년 2월 일본계 단체(Global Alliance for Historical Truth 이하 GAHT)가 글렌데일시를 상대로 소송을 제기하였다. 자체 강령에 따르면 이 단체는 '일본의 명예를 지키고 불공정한 명예 훼손에 맞서 일본인들의 평판을 보호하는 것'을 목표로 한다. 소송에서 그들은 소녀상의 철거를 요구했고, 그 이유는 글렌데일시가 소녀상을 세움으로써 연방 정부가 독점적으로 행사해야 할 외교권을 침해했다는 것이었다. 이에 맞서 지역 단체인 KAFC를 중심으로 소녀상을 지키려는 풀뿌리 캠페인이 전개되었다.

2014년 지방법원에서 소송이 기각되었는데, 이유는 소에서 주장하는 실재하는 손해의 근거가 부족하다는 것이었다. 2015년 항소법원에서 글렌데일시가 소녀상을 보전할 권리가 있음을 재확인했다. 2017년 GAHT는 미 대법원에 항소했고, 일본 정부는 외국 정부로서는 이례적으로 '글렌데일 소녀상을 철거해야 한다'는 취지의 법정 의견서를 제출함으로써 직접 개입했다. 그러나 2017년 3월 원고의 패소로 사건은 최종 종결되었다. 이로써 글렌데일시는 소녀상을 지킬 권리를 인정받았고, 이 사건은 다른 여러 '위안부' 기념물 설치와 존속에 긍정적인 영향을 주는 선례를 남겼다.

미국에서 '역사전쟁'을 벌이는 일본 정부의 노력은 기림비 설치 저지에 그치지 않는다. 일본은 미국에서 '위안부'가 여러 형태로 알려지고 교육되는 데 대해 조직적인 반대 활동을 해왔다. 2014년에는 뉴욕의 일본 총영사관에서 미국의 대표적인 교과서 출판사인 맥그로우 힐(McGraw-Hill)의 역사 교과서에 포함된 '위안부' 관련 내용을 지워달라며 압력을 행사했다. 이에 대해 미국의 저명한 역사학자들은 성명서를 내고 학문과 교육의 자유를 침해하는 일본 정부의 태도를 비판했다. 캘리포니아 교육안에 '위안부' 문제를 포함시키는 과정에서도 일본 정부와 일본계 단체들이 캘리포니아 교육부 및 청원사이트에 '위안부'는 사실상 자발적인 성매매 여성이었으므로 교육안에 포함시키는 것은 부적절하다는 식의 공격적인 로비 활동을 하였다. 그 결과 캘리포니아 교육부는 일본 측의 주장을 받아들여 '위안부'를 국가에 의한 성노예제의 한 사례로 넣으면서도 그 뒤에 2015년 한일합의 내용을 덧붙이는 나름의 '타협안'을 취하게 된다.

이처럼 일본 정부와 민간 단체가 '위안부' 문제를 희석시키려 적극 활동하고 거기에 대해 미국의 학자들과 시민사회가 비판하는 크고 작은 사건들이 계속되어 왔다. 그러나 일본 정부와 극우 세력의 역사 부정운동은 오히려 미국에서 '위안부' 운동이 주목받게 하는 결과를 낳았다. 일본 극우 세력이 '위안부' 문제가 해외에 알려지면 일본의 국가적 평판에 해가 간다는 매우 국가주의적인 태도로 접근하는 데 반해서, 미국에서 '위안부' 운동은 앞에서 살폈듯이 여성에 대한 폭력과 보편적인 인권 문제의 차원으로 지지를 받아왔기 때문이다. 즉, 일본 정부와 극우 세력이 '위안부' 역사를 부정할수록 미국 시민들에게는 '위안부' 운동을 지지하고 피해자들의 정의를 위해 싸워야 할 당위성이 더해지는 셈이다.

최근 2020년 10월 독일 베를린의 소녀상 설치에도 일본 정부가 압력을 가하여 관할 지역인 미테구에서 소녀상 철거를 요구했으나 독일 시민들의 노력으로 철거 시도를 막은 일도 있었다. 곧이어 하버드 대학의 램지어 교수가 '위안부' 역사를 부정하는 논문으로 논쟁이 일어났으나, 전세계 학자들이 한 목소리로 이 논문을 반박했다. 학자들은 때로는 '위안부' 역사의 구체적인 부분에 있어서 서로 이견을 보이기도 하고 시민 단체의 운동 방식을 비판할 때도 있지만 일본군 '위안부' 제도의 존재와 인권 유린에 대해서는 이미 학문적 합의에 이른 바 있다. '위안부' 역사의 진실성에 대한 공감과 합의에 기초해서 시민 운동계와 학계가 함께 역사 부정론에 대항했다는 점에서 램지어 논문 사태는 의미 있는 사건이었다.

이렇듯 역사를 부정하고 외면하려는 세력과 '위안부'를 기억하고 현재의 문제로 이어가고자 하는 시민들의 운동 사이의 충돌은 계속되고 있지만, 이런 논쟁은 역사 부정론자들의 의도와는 반대로 국제사회에서 '위안부'에 대한 인식을 높이는 결과를 낳고 있다.

8장

왜, 그리고 어떻게 가르칠 것인가?

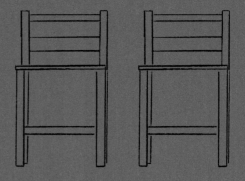

대부분의 사람들이 '위안부' 문제가 꼭 해결되어야 하는 문제라는 데 공감하면서도, 그것을 알리고 가르치는 것의 중요성에는 크게 관심을 가지지 않았다. 현재의 문제를 풀기 위해서 가장 근본적이고 필수적으로 요구되는 것이 바로 이 문제를 널리 알리고 가르치는 것임은 자명하다. 이 장에서는 '위안부' 교육이 왜 중요한지를 일본, 한국, 미국 등의 여러 사례를 통해 보여주고 새로운 교육 방안과 대안을 생각해보고자 한다.

1. '위안부'를 기억하고 가르치는 것의 중요성

'위안부' 문제를 학생들에게 가르치는 일이 왜 필요할까?

우리는 '위안부'를 왜 기억하고 알려야 하는가? 이 문제에 대한 답은 앞서 소개했던 '위안부' 운동에 헌신해 온 일본인 활동가들의 설명으로 대신할 수 있다. 일본 국민의 대부분이 '위안부' 문제를 잘 모르고 관심이 없다고 하는데, 오히려 그 역사적 사실들을 알게 되었을 때에는 사고방식이 급격하게 변화한다고 한다. 일본인으로 필리핀 '위안부' 운동을 돕고 있는 후쿠다는 일본인들에게 이 문제를 알리고 다음 세대를 가르치는 일을 사명처럼 생각하고 있다. 그녀는 전화나 온라인 이벤트 등을 통해 일본인들, 일본 학생들을 위한 필리핀 '위안부' 생존자의 증언 이벤트를 조직한다. 때로는 생존자의 이야기를 담은 이야기책을 영상으로 만들어서 보여주거나 책을 읽어주는 이벤트를 통해 이 역사를 모르는 사람들에게 알리는 일을 꾸준히 하고 있다.

그녀가 조직하는 이벤트는 때로는 이런 문제에 관심 있는 사람들, 때로는 관심 있는 교사나 대학교수가 보낸 학생들을 대상으로 한다. '위안부'에 대한 내용을 전혀 모른 채 온 사람들이 그 내용을 듣고 나면 큰 충격을 받는다고 한다. 후쿠다에게 활동 중 가장 보람 있는 일이 무엇이냐고 물었을 때, 필리핀 피해자 할머니들과 일본 학생들을 직접 혹은 온라인으로 만나게 하는 프로그램이 가장 어려우면서도 보람 있다고 답했다. 학생들의 경우 미디어를 통해 '위안부' 문제를 들어보기는 했지만 대부분 거기에 부정적인 선입견을 가지고 있다가 직접 생존자들의 이야기를 들으면 태도가 크게 변하는 것이 눈에 보인다고 했다. '위안부' 문제는 정치적 문제, 이웃 나라와의 분쟁을 일으키는 소재 정도라는 선입견이 있던 학생들이 직접 생존자들로부터 그 피해 양상에 대한 이야기를 듣고 그들을 만나게 되면, 그들이 자신들처럼 감정이 있고 가족이 있으며 젊을 때 꿈이 있었던 진짜 '사람'이라는 것을 깨닫게 되기 때문이다. 그녀는 그 변화를 볼 때 가장 보람이 있고 이 활동을 계속할 힘이 된다고 말했다.

사와다도 비슷한 견해를 이야기했다. 그 역시 일본의 많은 사람들이 '위안부' 문제에 관심이 없고 거기에 부정적인 생각을 가지고 있다고 하는데, 그 이유를 물어보니 "그들이 사실을 잘 모르기 때문에"라고 답했다.

다시 말해서, '위안부' 문제의 해결에 있어서 정치적 방안이나 사회 운동 등도 중요하지만 근본적인 해결은 일단 사람들이, 특히 다음 세대가 그 사실을 알고 그 심각성을 이해해야만 가능하다. 이 문제를 교육하는 것은 역사 교육의 일환으로서뿐만 아니라 기존 세대와 다음 세대 모두를 대상으로 해야 할 것이며, 그것이야 말로 근본적인 '위안부' 문제 해결의 출발점이 될 수 있다는 것이다.

교육의 중요성은 일본에만 해당되는 내용은 아닐 것이다. 피해국의 입장인 우리나라 및 다른 아시아 나라들에서도, 가해/피해를 떠나 인권에 대한 교육을 중시하는 여타 다른 나라들에서도 단순히 논쟁거리로서의 '위안부' 문제가 아니라 그 역사적 사실과, 그런 일이 왜 일어났는지, 무엇이 문제였는지를 가르쳐야 한다. 역사 교육을 통해 미래에 비슷한 종류의 비극이 일어나지 않도록 하는 것이 기존 세대의 책임이라고 할 수 있을 것이다.

'역사로부터 배우지 못하는 사람들은 그것을 반복하게 되는 운명을 맞게 된다.'는 스페인 철학자 조지 산타야나(George Santayana)의 말처럼, 과거의 비극은 잊고 지나갈 일이 아니라 되새기고, 기억하고, 다시 일어나지 않도록 교훈을 얻어야 할 대상이기 때문이다.

2. 한국의 '위안부' 문제에 대한 인식과 교육

한국에서 '위안부' 문제에 대한 교육이 강조되어야 할까?
새로 배워야 할 부분이 있을까?

그렇다면 한국 사회에서 '위안부' 문제에 대한 인식과 교육은 어떻게 이루어지고 있을까? 관련 단체와 정부 자료 및 한국 내 전문가의 인터뷰를 바탕으로 설명하고자 한다.

1) 우리 사회의 '위안부' 인식

일본과 다른 나라들에서 '위안부' 운동의 가장 큰 중점이 그 역사를 알리는 데 있다면, 한국 사회에서는 초점이 조금 다를 수 있다. 한국 사회에서는 '위안부' 문제가 오랜 시간에 걸쳐 문제 제기되어 왔으며 시민운동으로 발전하면서 많은 사람들에게 익숙하게 알려져 있기 때문이다. 국내에서의 과제와 전망은 오히려 이미 알려진 '위안부' 문제를 어떻게 바라보고 해결해 나가야 할지에 대한 관점 재정립에 더 초점이 맞추어져야 할 것이다.

많은 한국인들이 '위안부' 문제가 빨리 해결되고 피해자 할머니들이 하루빨리 일본의 공식적인 사과와 배상을 받아야 한다는 데에는 이견을 보이지 않는다. 그러나 최근 2015년 한일합의의 문제점, 박유하의《제국의 위안부》에 관련된 논쟁과 소송, 2020년 이용수 할머니의 기자회견, 관련 단체들이 연류된 정치적 논쟁과 자금 사용에 대한 검찰 조사 등의 소식이 들리면서 이제까지 무조건적인 지지를 보내던 시민들이 당혹감을 보이고 있다.

한림대에서 한국 사회문화사와 구술사를 연구, 강의하는 김아람 교수는 여기에 대해서 '한국의 사회 운동 내에서 학자, 활동가, 당사자 사이의 의견 차이나 방식의 미숙함은 '위안부' 운동에서만 나타나는 것이 아니며, '위안부' 운동에서 이러한 의견 차이와 문제 제기가 나온 것은 자연스러운 현상'이라고 지적한다. '위안부' 운동이 본질과 다른 정치적인 소재로 이용되어서는 안되겠지만, 과거의 한계들을 직시하고 조직의 경직성, 당사자와의 소통의 한계를 인지하고 개선할 수 있다면 이런 최근의 문제들은 오히려 장기적으로는 더 발전적인 길로 나아가는 계기가 될 수 있다는 의견이다.

최근 정부는 '피해자 중심주의'에 입각해 '위안부' 문제를 해결하겠다고 밝힌 바 있는데, 피해자 중심주의라는 개념에 대해 협소한 당사자주의보다는 사회문화적인 재정의가 필요하다는 의견이 나오고 있다. 더불어 최근 들어 피해자들의 상황이나 조건, 의견이 제각기 다를 수 있다는 것을 자연스럽게 받아들여야 한다는 인식도 부각되고 있다. 어떤 피해자 집단도 단일한 경험과 의식을 가질 수 없다. 즉, '위안부' 피해자들이 겪은 성노예라는 구조적 조건과 경험은 공통적이지만, 개별 피해자들의 생각과 지향이 다른 것은 어쩌면 당연하다. 피해 여성들은 단일한 피해자가 아니라 각기 다른 욕망을 가진 주체라는 점도 인정되어야 할 것이다. 다양한 주체들이 함께하는 과정에서 배제, 소외되는 의견이 생길 수 있고, 피해자들 사이에서 혹은 관련 당사자들과 갈등이 벌어질 수도 있으며, 그런 갈등이 자연스러운 것으로 받아들여져야 한다는 것이다. 이는 우리 사회에서 '위안부'가 잔악한 피해를 입은 순결한 소녀(한복을 입은 소녀상으로 대표되는)와 정의를 부르짖는 할머니의 두 단편으로만 대표되어 온 것과도 연관이 있을 것이다. 김아람은 우리 사회가 피해자들의 다양성을 받아들일 수 있어야 피해자를 '피해자다움'에 가둬두지 않고 다양한 피해 사실, 그리고 다채로운 욕망까지 존중할 수 있다고 강조한다.

2) 새로운 시각을 담은 교육이 필요하다

국내에서는 초중고 교육과정 모두에 '위안부' 문제가 포함되어 교육되고 있다. 여성가족부에서도 초등, 중등, 고등학생용 '위안부' 교육안을 제작하여 제공하고 있고 일선 고등학교에서는 2015년 개정 교육과정이 2020년부터 적용되어 근현대사의 비중이 50%로 높아졌다. 개정된 근현대사 교육안에서 '위안부'는 전시 총동원과 그 안에서 여성의 성적 동원의 반인권적 측면에 대해 초점을 두고 있다. 여성가족부의 '위안부' 교육안은 일제의 식민 지배 가운데에서 나온 '위안부' 제도의 실상과 역사적 책임을 부인하는 일본의 대응에 중점을 두고 구성되어 있다.

한편으로 한국 사회에서 '위안부' 문제는 민족주의적으로 이해, 소비되는 경향이 있다. 민족주의적인 인식의 맥락에서 '위안부' 문제를 이해하는 것은 이제까지 한국 사회에서 '위안부' 운동의 영역과 지지자를 확보하는 데 효과적이었던 동시에, 편협하고 좁은 역사 인식으로 굳어질 위험도 내포

하고 있다. 정부가 제공하는 교육안의 경우 피해자들이 입은 피해와 그들을 위해 우리가 해야 할 일 등으로 정리되기 때문에 정작 피해자들의 목소리와 그들의 활발한 증언 활동은 충분히 조명되지 못한 인상이다.

다른 한편, 최근 학생들은 역사를 선악이나 시비의 대상으로 보는 경향이 있다는 우려도 있다. 그렇기에 더욱 대학에서 학생들이 '위안부'와 같은 문제를 보다 다각도에서 깊이 있게 사고하도록 교육할 필요가 있다. 지금의 어린 학생들은 학교에서 배우는 역사 외에도 스스로 인터넷상의 여러 매체에서 많은 정보를 습득하고 있으며 학교 교육이 오히려 외부 정보의 양과 질에 미치지 못하는 경우도 있지만, 학생들이 자체적으로 찾아 습득하는 정보에 극단적이거나 허위 사실, 오류가 있는 경우도 많다. 김아람 교수를 비롯한 여러 일선 교사들도 이 점에 대한 우려를 표했다.

김아람 교수는 이런 점 때문에 교육 현장에서도 사회적 쟁점이 되는 주제들에 대해 인지하고 학생들이 판단할 기준을 마련할 필요가 있으며, 교사 교육과 재교육이 꾸준하고 충실하게 이루어져야 한다고 말한다. 이를 위한 역사교육계와 역사학계 간의 충분한 소통과 논의가 필요할 것이다.

'위안부'를 가르치는 여러 방식이 있을 수 있으나, 여기에서는 김아람 교수가 제시한 교육 방식을 소개하면서 앞으로의 '위안부' 교육에 대해 생각해보고자 한다.

김아람 교수는 교육 방법으로 네 가지를 강조한다. 첫 번째는 영화와 다큐멘터리를 적극 활용하는 것이다. 예를 들어, 영화 '아이캔스피크'를 통해 피해자가 오랜 세월 피해 사실을 밝히지 못했던 한국의 가부장적 질서를 보여줄 수 있고, 뉴스타파에서 보도한 북한 '위안부' 피해자 증언 영상을 통해 일제강점기 이후 분단 문제까지 인식의 지평을 넓힐 수 있다. 영상 자료는 막연한 문제를 실감나게 경험하는 데 도움을 준다. 두 번째, 구술 증언의 의미를 가르침으로써 피해자 증언이 가지는 사료적 가치, 그들이 젠더 불평등 사회에서 용기를 내어 증언하는 것의 의미를 학생들이 생각해 보도록 한다. 거기에 더해 여타 다른 국가 폭력에 의한 사건들을 가르칠 수 있다. 세 번째, 국가 차원의 외교 문제가 아닌 사회적 이슈로서 '위안부' 문제를 생각해보고 학생 스스로 실천할 수 있는 연대 방법과 운동이 무엇인지 생각해보도록 한다. 네 번째, '위안부'의 존재가 식민지에 국한되지 않고 해방 후 한국에서도 '미군 위안부'로 재탄생했다는 것을 가르침으로써 학생들이 자발/비자발을 기준으로 여성의 성동원을 이해하지 않고 국가 간의 극단적인 폭력과 대립으로 초래되는 여러 문제들 중 하나로 생각해 볼 수 있도록 하는 것이다.

한 사례이지만, 일선의 교육자들은 이미 이제까지 우리 사회에서 '위안부' 문제가 인식되어 온 방식을 비판적인 시각으로 보고, 더 크고 입체적인 관점으로 이 문제를 확장하여 가르치는 것을 고민하고 있음을 알 수 있다.

이런 새로운 시각과 시도가 계속될수록 '위안부' 문제는 우리에게 불편한 한일관계의 사례라는 인식을 넘어서 더 중요한 사회적, 역사적 의미를 가질 수 있을 것이다. 더불어 '위안부' 운동이 제일 길고 활발하게 진행되어 온 한국 사회에 축적된 통찰력과 교육 방법이 세계 커뮤니티에도 영향력을 미칠 수 있을 것이다.

3. 미국의 인권, 여성운동 교육과 '위안부'

미국에서도 '위안부' 문제를 가르칠까? 그렇다면 어떤 식으로 교육할까?

앞에서 언급했듯이, 미국에서의 '위안부' 운동은 인권운동과 여성운동이라는 측면을 강조해 왔다. 따라서 '위안부' 문제가 미국의 일선 고등학교와 대학교에서 교육될 때에는 인권 차원에서 다루어지는 경우가 많다. 여기에서는 미국의 실제 교실에서 사용하는 '위안부' 관련 커리큘럼과 이에 대한 학생들의 반응을 소개하고자 한다. 필자가 개발에 참여한 수업안, 캘리포니아 주립대학 얼바인 캠퍼스에서 주최한 역사 교사 워크숍에서 토론한 내용(2018년과 2020년), 교육학 연구자들의 경험을 바탕으로 하였다.

2016년 캘리포니아 교육부는 10학년 사회/세계사 과목에 '위안부' 내용을 삽입할 것을 결정했으며, 다른 주에서도 비슷한 움직임이 있다. 그러나 교사들이 당장 사용할 수 있는 교육 자료와 구체적인 커리큘럼을 구할 수 없다면 교실에서 이 문제를 다루기는 현실적으로 어렵다. 이에 따라 여러 시민 단체와 개인 연구자들이 일선 교사들이 사용할 수 있는 실용적인 커리큘럼을 개발하고 있다.

사례 1) 고등학생을 위한 탐구형 수업 교육안

캘리포니아의 '위안부' 관련 단체의 의뢰를 받은 필자와 두 명의 교육학 교수들은 IDM(Inquiry Design Model : 미리 답을 정해주지 않고 학생이 주도적으로 문제를 탐구해서 답을 찾아가도록 하는 교습 모델) 형태의 수업 교육안을 개발했다. 이 교육안은 "'위안부'란 누구이며 그들의 정의를 위한 투쟁을 아는 것이 왜 중요한가?"라는 큰 질문에 대한 답을 학생들이 찾아가는 과정으로 구성되어 있다. 이 교육안의 한글판 전문과 설명은 이 책의 부록에서 볼 수 있으며 여기에서는 간략하게 소개하려고 한다.

이 교안은 크게 세 번의 수업 시간으로 구성되었다.

첫 번째 시간에는 '위안부' 제도에 대한 기본적인 사실들을 다룬다. 학생들은 역사적 배경에 대한 강의를 듣고 '위안부'에 대한 유엔 보고서의 용어 부분을 읽고 토론하며 관련 비디오 클립을 본다. 미국의 학생들은 제2차 세계대전 중 아시아에서 일어난 일에 대한 배경 지식이 적은 경우가 많기 때문에 역사적 배경과 세계사적인 맥락을 설명해 준다. '위안부' 문제에 대해 처음 듣는 학생도 많으므로 '위안부' 제도가 무엇인지에 대한 사실 설명을 하는데, 다큐멘터리, 애니메이션, 피해자 증언을 바탕으로 한 시각 자료가 효과적이다. 영상을 보는 동안 학생들이 주요 내용이나 떠오르는 질문을 적게 하고 이후 그룹으로, 혹은 반 전체가 토론한다.

두 번째 시간에는 '위안부' 문제가 왜 아직도 현재 진행형인지 대한 답을 찾게 된다. 학생들은 뉴욕타임즈 신문에 실린 기고문과 미 연방하원 청문회에서 피해자들이 증언한 내용을 읽는다. 읽기 자료를 바탕으로 여러 활동이 가능하다. 대표적인 것은 학생들이 이 문제를 둘러싼 다양한 입장을 맡아서 모의 의회청문회를 진행하는 활동이다. 그룹을 나누어 결의안을 지지하는 의원, 반대하는 의원, 일본 정부, '위안부' 운동 단체, 피해자 등의 여러 역할을 맡아서 각 입장을 대변할 수 있다.

이 커리큘럼을 가지고 캘리포니아의 고등학교 역사 교사 워크샵을 진행했을 때 교사들은 특히 모의 청문회 역할극 활동에 대해 매우 긍정적으로 반응했다. 학생들이 각자의 역할을 맡으면서 문제의 본질을 더 깊이 이해할 수 있는 기회가 되고, 여러 역할 간의 상호작용을 통해 감정이입하는 과정에서 자연스럽게 사안의 중요성을 배울 수 있다는 반응이었다.

세 번째 시간에 학생들은 이 역사가 현재 우리에게 어떤 의미인지를 살피고, "여성에 대한 제도화된 성폭력 범죄를 방지하기 위해서 우리는 무엇을 할 수 있는가?"라는 질문에 대한 답을 찾아간다. 학생들은 앞의 두 수업의 내용을 바탕으로 학생 스스로가 이 문제에 대해 행동할 수 있는 프로젝트를 진행한다. 프로젝트는 자유로운 형식으로 진행하는데, 예를 들어 '위안부' 생존자의 일대기를 담은 이야기책을 만들거나 이 문제를 알리는 포스터나 전단지 등을 제작하는 등이다. 지역구 의원에게 이 문제에 대한 인식을 높이자거나 교육을 늘리자는 청원서를 쓸 수도 있다.

그리고 마무리 활동으로 이 교육안 제일 처음에 던졌던 질문, "'위안부' 역사와 그들의 정의를 위한 투쟁을 아는 것이 왜 그렇게 중요한가?"에 대해서 학생 자신의 의견을 담은 에세이를 작성한다.

캘리포니아 고등학교의 현직 교사들과 대화를 해본 결과, 대부분이 '위안부' 문제가 중요한 역사적 이슈임에 공감했지만 미국의 학교에서 많이 가르치지 않고 있는 데에 아쉬움을 표했다. 특히 홀로코스트의 경우 매우 보편적이고 자연스럽게 교육하는 데 반해 '위안부'의 경우는 널리 알려져 있지 않다는 점을 지적한 교사가 많았다. 이는 미국의 세계사 교육이 유럽, 미국 중심으로 이루어지고 있기 때문이기도 하다. 여러 교사들이 '위안부' 문제가 여러 현재의 이슈들과 연결시켜 인권과 여성인권에 대해 가르칠 수 있는, 여러 측면에서 접근이 가능한 좋은 수업 주제라는 점을 언급했다. 외국에서도 '위안부' 문제를 가르칠 수 있는 다양한 교재와 교안 개발이 필요한 이유도 여기에 있다.

동시에 교사들이 실제 수업에서 '위안부'를 가르치기 힘든 데에도 타당한 이유가 있다. 세계사에 배정된 수업 시간이 제한되어 있기 때문에 '위안부' 주제를 깊이 다루기 힘들다는 현실적인 문제와, 아직은 교육 자료가 부족하다는 점이 특히 그렇다. 또 '위안부' 내용에 성적인 요소가 있어서 조심스러우며 특히 성폭력의 경험이 있는 학생들이 있을 경우 그들에게 미칠 영향을 우려하는 교사도 있었다.

한편 이 주제를 단독으로 가르칠 만한 중요성이 있는지 의문을 표하는 교사도 있었다. '위안부'와 연관된 나라들의 국가주의적 입장이나 정치 외교적인 문제가 복잡하게 얽혀있다는 점 때문에 다루기를 꺼리는 경우도 있다. 그러나 논쟁적인 주제이기 때문에 아예 다루지 않는다는 것은 바람직한 교육의 방향은 아닐 것이다.

학생들은 논쟁이 되는 문제일수록 비판적으로 보고 거기에 대한 자신의 입장을 취하는 방법을 배워야 하고, 그러기 위해서는 서로 다른 입장과 근거를 이해할 필요가 있다. 교육은 학생들을 논쟁으로부터 숨기기보다는 그

것을 잘 다룰 수 있는 방법을 가르쳐줘야 하기 때문이다. 그런 의미에서 다음에 소개할 학생들의 반응은 '위안부' 교육의 측면에서 희망적인 메시지를 던져준다.

사례 2) 고등학교에서 인권침해와 '위안부'에 대한 수업, 그리고 학생들의 반응

최근에는 교사나 교육학 연구자들이 개발한 '위안부' 커리큘럼과 그 효과를 다룬 논문들이 여럿 발표되고 있다. 교육학자 윌리엄스와 존슨이 발표한 논문은 인권침해의 측면에 초점을 맞춘 교육안과 그 효과를 다루고 있어서 여기에 간단히 소개하고자 한다.

논문 저자들은 '위안부' 문제를 왜 미국의 학교에서 가르쳐야 하는지에 대해 다음과 같이 설명한다. 학생들은 이 주제를 통해 여성인권 유린의 역사, 기본적인 인권침해, '위안소' 제도가 제2차 세계대전 이전부터 노예제를 금지했던 여러 국제법을 위반한 사실을 배울 수 있고, 제2차 세계대전을 좀 더 넓은 시각에서 이해할 수 있다. 전쟁을 연도, 장소, 통계, 승자와 패자라는 단편적인 사실로만이 아니라 전쟁으로 인한 파괴와 인간성 상실, 인권 유린 등을 함께 배울 수 있게 하는 좋은 사례라는 것이다.

저자들은 미국 중부의 한 고등학교 사회시간의 작은 규모의 수업에서 '위안부'를 주제로 90분 동안 수업을 진행하고 그 효과와 반응을 밝혔다. 수업에 참여한 학생들 중 '위안부'에 대해 들어본 학생은 아무도 없었다. 수업의 시작으로 학생들은 1948년 유엔 세계인권선언의 1-5 조항을 함께 읽었다. 이어서 학생들 중 아무도 '위안부'에 대한 지식이 없었으므로 '위안부(comfort women)'가 어떤 뜻일 것 같은지 질문하자, 전쟁 중에 제공한 어떤 '위안(comfort)'일 것 같다는 답이 돌아왔다. 이어서 강사는 당시 동아시아의 역사적 배경과 '위안부' 제도에 대해 설명했고 '어폴로지(The Apology, 2017)'라는 제목의 다큐멘터리의 일부를 틀어주었다.

학생들은 영상을 통해 '위안부'들이 50년 동안 침묵 속에 있다가 증언하기 시작했고 지금까지도 명예 회복과 사과를 받기 위해 싸우고 있다는 점을 배웠다. 학생들은 다큐멘터리에서 할머니들이 '위안소'에서 입은 상처로 아이를 가질 수 없게 된 것이 평생의 큰 상처였을 것이라고 공감했다. 또 가족을 포함해 가까운 사람들에게 과거의 이야기를 숨기고 산 피해자들의 이야기가 마음 아팠다고 반응했다. 이후 학생들은 신문에 실린 '위안부' 논쟁과 거기에 대한 일본 정부의 태도를 그린 삽화를 보면서 역사를 부정하려는 시도에 대해 토론하고, 유엔 세계인권헌장을 다시 읽으면서 '위안부' 피해자들의 인권이 어떻게 침해되었는지를 토론했다. 수업 후에 진행된 익명의 설문조사에서 학생들은 일본 정부의 태도를 비판하고, '위안부' 여성들의 기본인권이 가능한 모든 범위와 방법으로 침해되었고, 여성들의 자유 의지와 독립권을 파괴했다고 평했다. 강사가 이 문제가 고등학교에서 가르쳐야 하는가에 대해 질문하자, 학생들은 학교에서 가르쳐야 할 매우 중요한 주제라는 반응을 보였다.

사례 3) 대학교에서의 '위안부' 수업과 학생들의 반응

필자는 2012년부터 2016년까지 뉴욕의 베이사이드에 위치한 퀸즈보로 커뮤니티 칼리지 소속의 쿠퍼버그 홀로코스트 센터(Kupferberg Holocaust Center)와 시민 단체 KACE가 함께 주최한 '위안부' 특별 교육 프로그램을 진행했다. 수업은 학기당 10명 내외의 작은 규모로, 다양한 인종과 문화적 배경을 가진 남녀 대학생들이 참여하였다. 다른 미국 교실에서와 마찬가지로 대부분의 학생들이 '위안부' 문제에 대한 배경지식이 없었다. 이 프로그램은 한 학기 동안 제2차 세계대전 당시 동아시아에서 일어난 전쟁범죄와 '위안부'의 역사에 대해서 강의, 토론, 활동을 통해 가르치고 학생들이 화상통화를 통해 '위안부' 생존자들과 직접 인터뷰한 뒤 관련 프로젝트를 하고 기말 발표를 하는 것으로 마무리되었다. 사례 1)에서 소개한 교육안의 내용과 거의 유사한 구성이었다.

학생들은 한 학기 동안 '위안부'가 누구이고, 그들의 경험이 이후 삶에 어떤 영향을 미쳤는지, 그들이 겪은 고통에 대한 인정을 받기 위해 현재 어떻게 투쟁하고 있는지에 대해서 배우고 토론했다. 학생들은 특히 한국과 필리핀의 '위안부' 피해자들과 직접 인터뷰를 할 기회가 있었기 때문에 인터뷰 후에 더욱 강하게 반응했다.

학기 말에 진행된 발표회에서 한 학생은 자신의 가족이나 친척에게 이런 일이 일어난다면 자신이 어떻게 했을지 모르겠다고 말했다. 다른 학생은 수업 내용을 통해 '위안부'의 역사에 대해서 배웠는데, 인터뷰를 하면서 그것이 진짜 살아있는 역사로 자신에게 다가왔음을 고백했다. 그는 15살짜리 여동생이 있는데, 자신이 인터뷰한 '위안부' 할머니가 15살 때 강제로 끌려간 이야기를 듣고 그것이 굉장히 개인적인 이야기로 다가왔다고 말했다.

미술 전공인 한 학생은 할머니들과 인터뷰한 후 감동을 받아서 '위안부' 피해자의 얼굴을 담은 초상화를 그려왔다. 초상화의 얼굴은 반으로 나뉘어 있는데, 왼쪽은 젊은 여성의 얼굴, 그리고 오른쪽은 나이 든 할머니의 얼굴이다. 특이한 것은 양쪽 모두에 입이 없는 모습이라는 것이다. 이 학생은 이 그림에 대해 과거에 자신의 의지와 상관없이 끌려가서 피해를 당하고 오랜 세월 동안 침묵해야 했으며, 오늘날까지도 정의를 바라는 목소리에 응답받지 못하는 피해자의 모습을 그렸다고 설명했다.

어떤 학생들은 피해자 인터뷰를 하고 나서 평생 동안 이 이야기를 잊지 않을 것이고 그것을 세상에 알리는 데 힘쓰겠다고 맹세하기도 했다. 프로그램 전에는 '위안부'에 대해서 전혀 몰랐지만 이제 알게 된 이상 자신에게는 세상에 이것을 알릴 책임이 있다고 믿는다고 말했다. 여러 명의 학생이 이 문제를 알게 되고 할머니들과 인터뷰를 한 것이 '자신의 인생을 바꾸는(life-changing)' 계기가 되었으며 세상을 바라보는 시각이 변화했다고 이야기했다.

인터뷰를 마친 학생들은 할머니들을 위한 대변인이 되어 이 문제에 대한 지식과 정보를 '행동'으로 옮긴다는 차원에서 학기 말 프로젝트를 수행했다. 어떤 학생들은 포스터나 그림, 전단지를, 어떤 학생은 '위안부' 문제를 알리는 페이스북 페이지를 만들었고, 피해자 할머니에게 바치는 시를 짓기도 했다. 이 문제를 알리는 에세이나 청원서, 신문 기고문을 쓴 경우도 있었다.

동아시아 역사나 '위안부' 문제를 낯설게 느끼는 미국 대학생들을 대상으로 한 프로그램이었기 때문에 처음에 그 역사적 배경을 설명하는 시간이 좀 더 걸린 것을 제외하면 학생들은 대체로 '위안부' 문제의 본질(인권침해, 전쟁 중 여성에 대한 폭력, 식민주의와 제국주의 등)을 잘 이해하였다. 토론 과정을 통해 이 문제가 왜 우리에게도 중요한 문제인지를 비판적으로 사고하면서 받아들였고, 피해자들의 직접 증언을 통해 그것이 막연히 먼 역사가 아니라 우리 주변의 평범한 사람들에게도 일어날 수 있었던 비극이라는 것을 느끼고 가슴 아파하기도 했다. 또한 학생들은 계속된 논의에서 '위안부'뿐 아니라 여러 전쟁 범죄, 그리고 자국인 미국이 관련된 인권 유린과 여성을 대상으로 한 범죄에 대해서도 비판적으로 토론할 수 있었다. 이러한 비판적 사고의 확장은 매우 자연스럽게 이루어졌다.

앞서 일부 교사들이 우려했던 한일간의 외교적 문제나 성적인 요소에 대한 불편함보다는 증언과 인터뷰를 통해 역사의 생생한 현실과 역사 부정론자들로 인한 논쟁의 심각성에 대해 강하게 반응했고, 이 때문에 학생들은 할머니들을 위해 무엇인가 해야겠다는 마음으로 후속 프로젝트를 수행했다. 학생들에게 일본 정부나 역사 부정론자들이 '위안부'들의 증언이 조작이라고 공격한다고 설명하자, 자신들이 직접 들은 할머니들의 이야기는 가짜이거나 조작될 수가 없는 것이라고 한 목소리로 반응했다. 오랜 세월이 지나면서 그 기억이 조금씩 흐려지고 자세한 부분이 혼동될 수는 있겠지만, 큰 맥락에서 그들이 겪은 피해를 어떻게 한두 부분의 조작으로 지어낼 수 있겠냐는 것이다. 이 프로그램은 학생들뿐 아니라 학교 커뮤니티와 지역사회에서도 좋은 반응을 얻었다. 2013년 6월에는 뉴욕주 상원에서 '위안부' 문제에 관련된 활동을 한 데 대해 이 프로그램과 참여 학생들을 치하하는 결의안을 통과시키기도 했다.

이러한 학생들의 강력한 반응은 우리에게 시사하는 바가 크다. 물론 이 프로그램처럼 모든 학생들이 피해자들과 직접 대화할 수 있는 기회를 가지는 것은 현실적으로 힘들 것이다. 생존자들이 워낙 고령이어서 인터뷰를 진행할 수 있는 체력적인 여력이 없을 때가 많고, 그나마 남은 생존자들이 하나둘 세상을 떠나고 있는 것이 현실이기 때문이다. 이것이 우리가 다음 세대를 위한 '위안부' 교육의 방법을 다시 점검하고 더 이상 직접 증언을 듣기 힘든 시대에 다음 세대를 어떻게 가르쳐야 할지를 고민해야 할 중요한 이유이다.

직접 증언이 아니어도 다양한 멀티미디어 자료와 증언집, 잘 구성된 교육안, 그리고 '위안부' 문제를 가르치는 것의 중요성에 대한 사회적 공감이 있다면 '위안부' 교육은 계속해서 좋은 성과를 낼 수 있을 것이다.

그리고 마지막으로 직접 증언을 들을 수 없는 미래를 대비하는 일에 대해서 다음 장에서 다루려고 한다.

9장

증인이 더 이상
남아있지 않은 시대

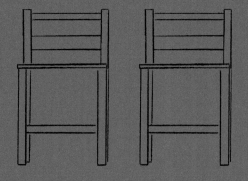

'위안부' 운동이 이렇게까지 발전할 수 있었던 데에는 피해자들이 직접 증인으로 나서서 역사의 산증인으로 활동해 온 것이 결정적인 공헌을 했다. 그렇지만 우리가 그들의 증언을 직접 들을 수 있는 시간은 얼마 남지 않은 것이 현실이다. 이 장에서는 이런 현실을 마주하여 피해자들의 이야기를 어떻게 계속 기억하고 전달할 것인지를 이야기하려고 한다.

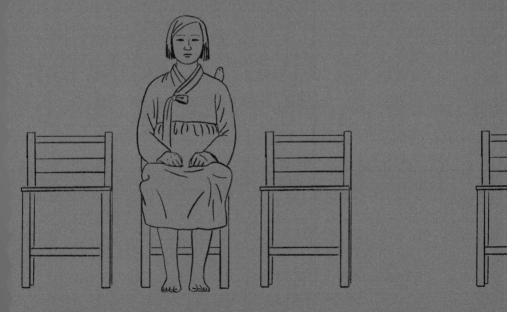

1. 증언집 발간과 교육안의 구성

이제 '위안부' 생존자 할머니들은 몇 분 남아계시지 않다. 생존자들이 남아있지 않으면
'위안부' 운동은 의미가 없어지는 게 아닐까? 그 후에도 할 수 있는 일이 있을까?

'위안부' 문제에 관련해 남아있는 문서 자료들은 이미 대다수가 발굴되
었다고 할 수 있다. 이미 발굴된 자료와 증언을 어떻게 정리하고 필요한 연
구자와 운동 단체, 교육가들에게 공급하며, 어떻게 그 의미를 일반 대중에
게 알릴 것인지가 앞으로의 중요한 과제이다.

'위안부' 문제에 대한 관심이 국외에서도 커짐에 따라, 자료들을 여러 언
어로 제공하는 일이 중요한 당면 과제로 떠올랐다. 필자가 미국의 교사들과
대화했을 때 여러 명이 물어온 것이 수업에서 쓸 수 있는 영문 자료의 유무
였다. 한국의 '위안부' 피해자 증언집은 여러 권이 나왔고 영문으로 번역된
경우도 몇 번 있었지만, 매끄러운 번역과 미국 내에서 공신력 있는 출판사
에서 출판되는 등의 요건은 잘 갖추지 못했다. 최근에는 한국과 미국의 연
구소가 협력하여 증언집 번역을 한다든지, 주요 자료의 번역과 해제를 곁들
인 출판, 디지털화 등 다양한 작업이 진행되고 있으므로 외국에서도 관련
자료에 쉽게 접근할 수 있게 될 것이다.

동시에, 각 나라의 교육체계와 필요에 맞게 그것을 활용할 수 있는 교육안 개발도 필요하다. CARE의 김현정 대표는 '위안부' 교육에 대한 절대적인 자원의 부족을 가장 큰 어려움으로 꼽는다. 일본 정부의 경우 적극적으로 천문학적인 예산을 쏟아부어 '위안부' 문제를 희석하고 묻어버리기 위한 다양한 작업을 하고 있는 데 비해, 우리는 지금 있는 자료도 잘 활용하지 못하는 경우가 많다. 체계적인 교육을 이어나가기 위해서는 자료 번역, 여러 나라와 문화에 맞는 교재 개발, 시청각 자료, 전문가 양성 등의 장기적인 대책이 마련되어야 할 것이다.

교육안 개발은 특히 지역에 따라 상황과 조건이 다를 수 있다. 미국 안에서도 캘리포니아주와 뉴욕주에서 정한 커리큘럼 구성의 조건이 다르고, 교사들이 선호하는 주제 구성의 형태가 다양하기 때문이다. 가장 바람직한 방식은 현지 교사들의 의견을 적극적으로 반영하거나 그들과의 협력을 통한 교육안 개발일 것이다.

필리핀의 릴라 필리피나 센터는 초반에 '위안부' 피해자의 증언과 소송운동, 의료와 생활 지원 등을 하는 것이 주요 역할이었으나 이제는 '위안부' 관련 자료의 디지털화와 자료관 구성에도 힘쓰고 있다. 필리핀의 경우 정부지원이 전무하기 때문에, 민간 단체들이 주도하여 '위안부' 문제에 대한 교육안 개발과 이를 널리 교육하는 프로젝트를 주도하고 있다. 힘든 조건에서도 이런 프로젝트를 지속할 수 있는 것은 이 문제를 교육했을 때 젊은 세대에게 얼마나 큰 영향을 줄 수 있는지를 활동가들이 몸소 체험해왔기 때문이다. 최근에는 전국의 주요 대학의 역사학과 교수들의 모임과 손을 잡고 교육안을 개발하고 있다.

한국에서도 세대 간, 나라 간의 연대를 통한 활동이 활발하게 이루어지고 있다. 한국의 '위안부' 관련 단체와 연구소는 한일 청년 워크숍과 여러 나라 학자들이 참여하는 학술회의 등을 개최하고 있다. 국경을 넘은 연대와 교육의 중요성을 강조하는 활동은 최근에 더 활발하게 나타나고 있다.

2. '영원한 증언' 프로젝트

서강대학교의 지식융합미디어학부 김주섭 교수 연구팀에서는 '영원한 증언' 프로젝트를 진행하고 있다. '위안부' 문제와 인공지능이라는 공학 기술을 다루는 연구 팀이 언뜻 보기에는 잘 연결되지 않지만, 이 프로젝트는 '위안부' 생존자 할머니들의 증언을 주요한 질문과 답변의 형식으로 촬영하여 홀로그램 비디오로 제작하고 증언을 천여 개의 항목으로 나누어 인공지능 기술로 분류한다. 전 세계 어디에서든 전시를 할 수 있고, 질문자가 질문을 하면 그 자리에서 거기에 대한 답을 인공지능 기술이 찾아서 틀어 주는 방식이다. 즉, 생존자가 직접 갈 수 없는 곳에서도 그들을 실제로 만나는 것같이 자연스러운 대화가 가능하도록 하는 프로젝트이다. 예를 들어 질문하는 사람이 생존자 할머니의 비디오 앞에서 "할머니, '위안소'에 어떻게 끌려가셨어요?"라고 질문하면 화면 안의 할머니가 거기에 맞는 답을 해준다. 이 프로젝트는 미국 캘리포니아의 쇼와 홀로코스트 재단(USC Shoah Foundation)에서 홀로코스트 생존자의 증언을 대화형 콘텐츠와 홀로그램으로 구현한 DIT(Dimensions in Testimony) 프로젝트에서 영감을 받아 시작되었다.

이 프로젝트의 가장 큰 장점은 '위안부' 할머니들의 증언이 '영원히' 남도록 해준다는 것이다. 고령으로 장거리 여행이 힘든 할머니들을 대신해서 세계 어디에서든 화면과 인공지능 기술만으로 직접 대화를 가능케 하는 것은 또 다른 장점이다. 홀로그램 비디오를 이용해 세계 각 곳에서 전시회를 열 수 있고, 학교와 모임 등에 '찾아가는' 증언 이벤트가 가능하며, 온라인 증언도 가능할 것으로 기대된다.

또 하나의 중요한 점은 생존자들이 같은 이야기를 반복하고 괴로운 기억을 끄집어내 이야기하는 데서 오는 정신적 부담을 줄일 수 있다는 것이다. '위안부' 문제를 알리고 지지 기반을 넓히는 데 있어서 할머니들의 증언은 가장 큰 영향력을 발휘한다. 그러나 그런 증언 활동이 정작 피해자들에게 지속적인 상처를 줄 수도 있다는 점은 간과하기 쉽다. 이용수 할머니는 가장 활발하게 증언 활동을 해 온 피해자 중 한 명인데, 증언이 필요하기 때문에 하지만 증언을 할 때마다 남들이 안보는 곳에서는 괴롭고 때로는 몸이 상할 정도로 고통스럽다고 이야기한 적이 있다. '영원한 증언' 프로젝트는 우리가 기억해야 할 이야기를 더 널리 전하는 한편, 피해자들의 정신적인 상처를 보호하는 두 가지를 모두 충족시킨다는 이점이 있다. 이와 같은 창의적인 시도가 계속되어야 할 것이다.

3. 새로운 네트워크의 형성

증언자가 더 이상 남아있지 않은 시대를 대비하는 하나의 대안으로 필리핀의 사례가 참고가 될 만하다. 릴라 필리피나는 파마나(PAMANA, 필리핀 언어인 타갈로그어로 '과거의 유산(legacy)'을 뜻하는 말)라는 모임을 진행한다. 이 모임은 '위안부' 피해자 가족들의 네트워크이다. 파마나 모임에서 피해자 가족들이 정기적으로 만나 네트워크를 형성하고 피해자의 가족으로서의 경험을 나누며 친목을 도모한다.

파마나 멤버들은 토론회에서 발표하거나 일본에서 열리는 행사에 초청받아 증언하는 등의 활동을 한다. 그들은 직접 피해자가 아니지만 피해자 증언과는 또 다른 시각을 제시할 수 있다. 피해자들이 주로 전쟁 중에 '위안부'로 끌려가고 '위안소'에서 겪었던 성범죄와 전쟁범죄에 대해 증언한다면, 가족들은 피해자들이 전쟁 후에 '위안부'의 상처를 가지고 어떻게 살아갔는지, 그 전쟁범죄가 남긴 트라우마가 전쟁이 끝난 후에도 구체적으로 어떻게 오랫동안 그들과 가족들의 인생에 영향을 주었는지에 대해 증언한다.

필리핀의 경우 피해자 가족들이 '위안부' 운동에 참여하고 지지하는 것도 매우 적극적인 편이기 때문에 이런 활발한 활동이 가능하다고 한다.

　이렇게 피해자 가족들의 이야기를 듣는 접근법을 차용하여 책을 만든 사례도 있다. 필리핀 생존자 활동을 지원하는 일본인 활동가 후쿠다는 개인적으로 온라인 행사를 열고 있다. 그가 주최하는 책 낭독 이벤트에서는 '위안부' 피해자 가족들의 시각으로 피해자의 삶을 그린 이야기책을 읽어주고 참여자들에게 '위안부' 문제에 대해 알린다. 이때 읽어주는 책이 마더스 스토리북 프로젝트팀(The Mothers' Storybook Project Team)이 제작한 《My Mother Is More Than A Comfort Woman》이라는 그림책이다. 이벤트에 참여하는 사람들은 관심 있는 일본인과 다양한 국적의 학생 및 일반인들이다. 온라인 이벤트와 모임이 활성화되면서 점점 더 넓은 관객층을 대상으로 하고 있다.

　피해자 가족들의 참여를 통한 접근은 여러 가지 장점이 있다. 무엇보다 큰 장점은 피해자들이 하나둘 떠나거나 건강 상태 때문에 직접 증언이 힘들어졌을 때에도 가족들이 대신해서 일종의 간접적인 증언 활동을 계속할 수 있다는 점이다. 둘째는 가장 가까운 가족들의 눈으로 피해자들이 어떤 상처를 가지고 살았는지를 생생하게 알릴 수 있다는 점이다. 증언을 지속할 수 있다는 점뿐 아니라 '위안부' 제도가 남긴 또 다른 층위의 이차적인 피해(트라우마와 장기적인 신체적, 정신적, 사회적 피해와 기억)의 경험을 알릴 기회가 된다. 가령 《My Mother Is More Than A Comfort Woman》는 '위안부' 피해자의 손녀딸 이야기이다. 주인공인 손녀는 어릴 때 왜 할머니가 비행기 소리만 나면 불안해하고 숨었는지, 왜 가끔씩 슬퍼하는 모습을 보였는지 이해하지 못했다고 이야기한다. 피해자들이 겉으로 보기에는 행복한 가정을 꾸리고 평온하게 사는 것 같아도 '위안부' 피해의 상처는 오랜 세월 동안 지워지지 않았다는 점을 알리는 역할을 한다. 셋째, 가족들의 이야기 역시 강력한 '증언'이 될 수 있다는 점이다. '위안부'의 상처가 그 피해 당사자가 죽고 나면 사라지는 것이 아니라 가족들에게도 남아있고, 따라서 그 상처를 보듬고 해결해야 할 필요성은 조금도 줄어들지 않는다는 점을 강조할 수 있다. 롤라들을 응원하는 친구와 지지자들의 모임인 '릴라 필리피나의 친구들(Friends of Lila Pilipina)' 모임도 비슷한 역할을 한다.

이렇게 '위안부' 생존자의 숫자가 점점 줄어들고 있는 시점에서 이미 여러 시도가 시작되었다. 이제는 현실적으로 증언자가 남지 않은 미래를 생각해야 할 때이다. '위안부' 역사를 부정하고 싶어하는 이들에게는 피해 생존자가 남아있지 않으면 이 운동도 끝나는 것이 아닐까 하는 기대가 있을지 모르겠다. 그러나 역사 부정론자들의 기대와는 달리 피해자들이 용기를 내서 이야기한 증언 기록, 연구자들이 어려움 끝에 찾아낸 부정할 수 없는 문서 자료들, 피해자들의 가장 가까이에서 그들의 고통을 함께 나누었던 가족과 지지자들을 통해 전해지는 역사의 진실을 지우는 것은 불가능하다. 피해자들이 외쳐 온 정의가 사라져버리지 않게 하기 위해서 그 역사를 전하려는 노력은 계속되고 있기 때문이다.

'위안부' 운동의 새로운 시각에 대한 소고

이제까지 '위안부' 문제에 대한 역사적 맥락과 운동의 진행 상황, 국제적인 문제로서의 동향과 전망을 살펴보았다. 이 책을 통해서 이야기했듯이 '위안부' 운동은 새로운 전환기를 맞이했고 우리는 새로운 시각을 모색해야 하는 기로에 서있다. 그 새로운 방향은 어떻게, 무엇을 우선순위에 두고 찾아가야 할까? 이 책은 역사 자료, 피해자들의 관점에서 바라본 그들의 경험, '위안부' 운동의 최전방에서 활동하고 있는 활동가와 교육자들의 경험을 두루 담으려 노력했다. 그리고 다각적인 관찰과 분석을 통해 '위안부' 운동이 가야할 방향의 두 가지 원칙을 제시하고자 했다. 하나는 문제의 본질로 돌아가는 것, 그리고 또 다른 하나는 한 발짝 떨어져서 우리의 시각을 넓히는 것이다.

첫 번째, 문제의 본질로 돌아가자는 것은 '위안부' 제도가 극한의 인권 유린이었음을 상기하고 인권의 중요성을 되새겨야 한다는 뜻이다. 현대 사회에서 보편적 인권 개념을 논할 때 널리 인용되는 것은 1948년 유엔에서 발표한 세계인권선언이다. 이 선언은 '모든 사람은 태어날 때부터 자유롭고 존엄하며 평등하다(제1조)'고 규정한다. 이어서 '모든 사람은 자기 생명을 지킬 권리, 자유를 누릴 권리, 그리고 자신의 안전을 지킬 권리가 있고(제3조)', '어느 누구도 노예가 되거나 타인에게 예속된 상태에 놓여서는 안된다(제4조)'고 명시했다.

수업을 통해 '위안부' 문제를 처음 배운 한 미국 고등학생이 말했듯이, '위안부' 피해자들은 인권을 정의할 때 적용할 수 있는 모든 차원에서 인권 침해를 당했다. 게다가 그 문제가 오랫동안 거론되고 인정되지도, 거기에 대한 책임자 처벌이나 피해자 배상 등의 조치가 취해지지도 않았기 때문에 그 상처의 골은 더욱 깊을 수밖에 없다. 그래서 이 문제는 더욱 적극적으로 알려지고 기억되어야 하며 피해자들이 원하는 만큼의 공식적인 사과와 배상, 충분한 인정과 그들의 명예 회복이 이루어져야 할 것이다. 남은 피해 생존자들의 나이를 고려할 때 이는 매우 시급한 문제이다. 2021년 9월 현재 대한민국에 남은 '위안부' 생존자는 13명이며, 이 수는 급속히 줄어들고 있다. 이런 사정은 다른 피해 국가에서도 마찬가지이다.

'위안부' 제도는 식민지와 전쟁 중이라는 특수 상황에서 벌어진 사건이었지만 인류 역사에서 반복적으로 나타나는 전쟁범죄와 여성에 대한 인권 침해의 사례로서도 중요한 역사이다. 일본 정부의 사과, 배상과 더불어 이 역사를 기억하고 교육하는 일은 그래서 더욱 중요하다.

둘째로, 시각을 넓히는 일은 국경을 넘어선 연대와 관련된 것이다. 이 책에서 여러 번 강조했듯이 '위안부' 문제는 한국과 일본의 식민지 역사와 갈

등을 넘어서 여러 나라들이 관련된 국제적인 문제로 다루어질 필요가 있다. 한국에 피해자의 숫자가 가장 많았던 것은 사실이지만 여러 나라에 동일한 내용의 피해를 입은 피해자들이 존재한다. 어떤 일본인들은 극우 세력의 주장이나 편향적 보도의 영향으로 '위안부' 피해자들이 조작된 증언을 한다거나 한국이 반일감정 때문에 무리한 요구를 한다는 등의 잘못된 정보를 가지고 있는 경우도 많다. 여러 나라의 피해 사례를 함께 제시하면 이런 거짓 정보를 쉽게 바로잡을 수 있다. 또한 국제적인 연대가 있으면 일본 정부가 이 문제에 대한 적절한 책임을 지도록 더욱 효과적인 압력을 가할 수 있다.

세계 여러 곳에서 '위안부' 운동의 중요한 부분으로 자리잡은 '위안부' 기념물에 대해서도 열린 마음으로 접근할 필요가 있다. 샌프란시스코에 세워진 '위안부' 조각상은 다국적, 다문화적 연대를 보여주는 좋은 예이다. 여타 지역에서 주로 한인단체의 주도와 자금 동원으로 '위안부' 기림비가 세워진 경우도 있지만 샌프란시스코에서는 처음부터 다인종/다문화의 단체들이 주도하여 자금을 동원했고, 조각상의 모습에도 중국, 필리핀, 한국의 피해자가 함께하는 등 다양한 모습을 반영했기 때문이다. 이제까지와는 다른 새로운 시각으로 '위안부' 피해자를 형상화한 것으로, 이를 '샌프란시스코 모델'이라고 부를 만하다.

여기에 대해 CARE의 김현정 대표는 이제까지 단발머리의 한복 입은 소녀상이라는 일관된 피해자상에서 벗어날 필요도 있다고 역설한다. 이런 시각에서 본다면 다양한 나라의 '위안부' 피해자의 모습, 경우에 따라서는 '위안부'의 직접적인 피해자가 아니더라도 각 지역의 다양한 모습을 반영한 기념물이 만들어질 수 있을 것이다. 김학순 할머니의 용기 있는 증언에서 시작했던 작은 움직임이 세계 많은 여성들의 힘을 얻어 여성 성폭력 피해를 고발하고 인권 수호를 외치는 더 넓은 의미의 '위안부' 운동으로 확장되어 온 것처럼 말이다.

여기에 더해 국경을 넘어 '위안부' 문제를 적극적으로 알리고 거기에 대한 관심을 다시 한 번 환기시킬 필요가 있다. '위안부' 피해자를 지원하는 일본인 활동가들의 경험에서 알 수 있듯이 이 문제를 해결하는 근본적인 해결책은 먼저 평범한 일본인들, 그리고 여러 시민사회 구성원들이 이 문제를 알고 생각을 전환하는 데서 나올 수 있다. 특히 일본사회가 '위안부' 문제 역사를 제대로 알고 그 심각성을 깨달을 때 비로소 겉으로만 움직이는 합의나 일시적인 발언이 아니라 근본적인 변화가 뒤따를 것이기 때문이다.

'위안부' 문제에 대한 새로운 시각을 세웠을 때 우리가 해야 할 일 또한 두 가지로 정리할 수 있다. 첫 번째는 이 문제를 알리고 거기에 대한 세계 여러 사회의 시민들이 움직여 일본 정부에 압박을 줌으로써 피해자들이 몇십 년 동안 외쳐오던 인권과 명예를 회복시키는 일이다. 이제까지 '위안부' 운동에서 잘 드러났듯이, 피해자들이 동의하고 받아들일 수 있는 방식이 아닌 해결이란 있을 수 없다. '위안부' 문제에 대해 한일 간의 외교문제 차원으로 접근한다면 결국 피해자들에게 이중 삼중의 고통과 상처만을 주게 된다는 것을 우리는 이미 2015년 한일합의를 통해 경험한 바 있다. 피해 생존자들의 숫자가 계속해서 줄어들고 있는 이 시점에 피해자들이 수용할 수 있는 방식의 공식 사죄와 배상이 이루어져야 하며, 피해자들이 수용할 수 있는 해결의 기준은 수요집회에서 요구해 온 사항, 그리고 이 책의 4장에서 다룬 요시미 교수가 제시한 여섯 가지 요소이다. 이 책에서 계속 강조했듯이 세계 시민이 지지하고 '위안부' 역사의 본질을 이해하고 움직인다면 진정한 의미의 문제 해결이 가능할 것이다.

두 번째는 '위안부' 문제를 계속해서 기억하고 가르치는 일이다. 이제까지의 '위안부' 운동에서 드러난 것처럼 이 문제는 일련의 정치적인 합의로 마무리되고 지나갈 사안이 아니다. '위안부'는 인류가 앞으로 인권유린을 막고 여성에 대한 성폭력을 방지하기 위해서 계속해서 배우고 되새겨야 할 역사이고, 이것을 다음 세대에 가르치는 일은 매우 중요하다. 이 책의 부록에는 캘리포니아 10학년 수업 교육안의 내용을 실었다. 이 교육안은 이런 관점에서 '위안부'의 역사적 사실을 전달하는 데서 멈추지 않고 학생들이 주도적으로 토론하는 가운데 '위안부' 문제의 본질을 깨닫고 이런 비극이 다시는 일어나지 않도록 하기 위한 현실적인 방안을 구상하도록 했다. 학생뿐 아니라 일반 독자들에게도 토론에 활용할 수 있는 질문들을 제시하고 있으니 부디 널리 활용되길 바란다.

지금 이 시점에도 '위안부' 역사를 왜곡하고 지우려는 노력, 피해자들을 이중으로 욕보이게 하는, 역사를 거스르는 시도가 끊이지 않고 있다. '위안부'가 계약을 맺고 자발적으로 해외로 나간 사람들이라고 왜곡하는 논문이 발표되는가 하면, '위안부' 문제를 인정한 1993년의 '고노담화'의 내용은 일본 외무성 웹사이트에서 사라져 버렸다. 일본 정부는 '군 위안부' 대신 '위안부'라는 용어를 사용할 것을 촉구하면서 '위안부'의 강제성이라는 역사를 지우려고 노력하고 있다. 한편 각국 '위안부' 생존자들의 숫자는 점점 줄어들고 있다. 안타깝게도 이것이 2021년 현재 우리가 마주한 현실이다.

그럼에도 불구하고, 침묵을 깨고 고통스러운 과거를 밝히고 알려온 할머니들의 용기, 그리고 현실적인 어려움 가운데 크게 드러나지 않는 자리에서 변화를 만들어 간 사람들의 모습에서 우리는 희망을 엿볼 수 있다.

이 책은 국경을 넘어 이 문제의 본질을 주목하고 행동하고 있는 사람들의 목소리를 담으려 노력했다. 그리고 '위안부'가 과거의 역사와 현재의 운동에 그치지 않고, 계속해서 이야기되고 가르쳐질 수 있는 다양한 방식을 제시하려 했다. 부디 이 책을 통해 왜 우리가 계속해서 '위안부' 문제를 기억하고 배워야 하는지가 조금이나마 설명되었기를 바란다.

'위안부'는 누구이며 그들의 정의를 위한 투쟁을
아는 것이 왜 중요한가?

개요

이 수업 교육안은 학생들이 제2차 세계대전 중에 일어난 일본군 '위안부'의 제도적 인신매매와 성노예 범죄에 대해 조사, 탐구하도록 구성되었다. 학생들은 우리가 '위안부'라는 반인륜 범죄를 왜 기억해야 하고 이 문제가 현대의 다른 성범죄 사건들과 어떻게 연결되는지를 배우게 된다.

'위안부' 전쟁범죄는 근현대사에서 가장 잔인하고 반인륜적인 사건 중 하나로 손꼽힌다. 총 피해자의 숫자는 집계마다 다르지만 대부분의 학자가

---

3   이 교안은 2016년 캘리포니아 주정부에서 고등학교 10학년 세계사/사회과목 커리큘럼에 '위안부' 문제를 삽입하기로 결정함에 따라 시민 단체 CARE와 CWJC가 제작하고 배포한 영문판(2018)을 한글로 번역하고 풀어쓴 것이다. 미국 학생들을 대상으로 만들어진 것이나 참고자료와 활동을 조금씩 조정하여 한국에서도 활용 가능할 것이다. 미국 고등학교 10학년은 만 15~16세로 대략 우리나라 중학교 3학년~고등학교 1학년에 해당하며 이 교육안은 중·고등학교 및 대학에서도 사용할 수 있다. 이 교육안의 영어원문과 참고자료는 https://comfortwomeneducation.org/lesson-plans-10th-grade-world-history/에서 무료로 다운로드받을 수 있다. 저자 : 비벌리 비스랜드(Beverly Milner Lee Bisland)(뉴욕시립대 퀸즈칼리지 사회교육학과 교수), 신성희(뉴욕시립대 퀸즈칼리지 교육공학과 교수), 김지민(CARE 연구원)

수십만 명의 여성이 강제로 동원되었다는 데 동의한다. 피해자 중 가장 큰 비중을 차지한 것은 일본의 식민지였던 조선, 대만과 점령지인 중국 출신의 여성들이었다. 그 외에도 일본, 필리핀, 베트남, 태국, 동티모르, 네덜란드령 동인도(현 인도네시아) 여성들과 그곳에 거주하던 유럽인 등 수많은 이들이 자신의 의지에 반하여 성노예 피해를 입었다. '위안소'는 전쟁 중에 일본군이 가는 곳마다 설치되었으므로 그 위치는 아시아태평양 전체에 광범위하게 퍼져 있었다.

우리 시민사회는 인권침해를 당한 피해자들의 아픔을 인정하고 그들의 목소리에 귀 기울일 의무가 있다. 우리가 피해자들의 아픔을 기억하는 것은 또 다른 홀로코스트 혹은 성노예제와 같은 범죄 발생을 방지하는 출발점일 것이다.

이 학습을 통해 학생들은 '위안부' 제도의 본질을 이해하고, 피해자들이 그들의 인권과 명예 회복을 위해 어떻게 투쟁하고 활동가로 변모해 갔는지를 조사한다. 학생들은 과거의 역사와 현재의 논쟁에 대해 조사하면서 이 문제의 중요성을 이해하게 될 것이다. 연장 활동에서 학생들이 오늘날 인신매매의 현실을 조사하여 '위안부' 문제와의 연결성을 찾아보고, 아직도 계속되는 인권유린을 어떻게 막을 수 있을지 생각해보게 된다. 이 교안은 세 번의 수업으로 구성되어 있지만, 교사가 재량껏 할당할 수 있는 시간과 수업의 목표 등에 따라 필요한 부분들을 발췌하고 시간을 늘리거나 줄이는 등 유동적으로 수업에서 활용할 수 있다.

[첫 번째 수업]

◉ 준비 활동

주제 질문을 제시하고 준비 활동하기(용어와 지도에 대해 생각해 보기)

◉ 질문 1

'위안부'는 누구인가?

'위안부' 제도는 어떻게 만들어졌고 피해자들은 어떤 일을 겪었을까?

[두 번째 수업]

◉ 질문 2

'위안부' 문제는 왜 여전히 현재 진행형일까?

피해자들의 주장은 어떻게 받아들여지고 있는가?

[세 번째 수업]

◉ 질문 3

'위안부'의 역사가 지금 우리에게 무슨 연관이 있을까?

계속해서 일어나는여성에 대한 제도적인 성범죄를 어떻게 막을 수 있을까?

◉ 요약과 부가 활동

[첫 번째 수업]

단계 1. 준비 활동

학생들에게 세 번의 수업을 통해 주제 질문인 "'위안부'는 누구이며 그들의 정의를 위한 투쟁을 아는 것이 왜 중요한가?"에 대한 답을 찾아가야 한다는 점을 설명한다.

1) 용어 : 반 전체가 '위안'이라는 단어의 뜻과 '위안부'라는 우회적인 표현의 의미에 대해 생각해 본다. 참고자료로 1996년 유엔 특별보고자의 보고서에 포함된 '용어 정의' 부분을 읽고 토론에 활용할 수 있다.

2) 지도 읽기 : 역사적 배경을 이해하기 위해 두 개의 지도를 함께 보고 생각할 시간을 가진다.
- 전쟁 중 일본제국의 확장을 보여주는 1942년 당시 동아시아의 지도
- 아시아태평양 곳곳에 설치된 '위안소'의 위치를 표시한 지도(일본 단체 WAM이 제작한 지도로, 이 책의 1장에 수록되었다)

✛ 추가 활동

다음의 토론 질문을 추가로 활용할 수 있다 :
- 왜 당시 일본 당국이 군을 위한 성노예제를 '위안부'라고 불렀을까?
- 우회적 표현은 일반적으로 어떤 경우에 사용하는가?

단계 2. '위안부' 제도의 내용 알기

'위안부'는 누구인가? '위안부' 제도는 어떻게 만들어졌고, 피해자들은
어떤 일을 겪었는가?

1) 교사는 제공된 파워포인트 강의 자료를 이용하여 역사적 배경을 설
명한다. 학생들은 1930년대부터 시작된 일본제국의 확장, 군국주의화, 전쟁
중 '위안소' 제도 운영 등의 역사적 맥락을 이해하게 된다.

2) 학생들은 '위안부' 관련 비디오(교사가 비디오 A, B, C 중 필요와 학생들
의 수준에 따라 선택)를 시청한다. 비디오에서 학생들은 여성들이 어떻게 사
기, 기만, 혹은 강압에 의해 성노예가 되었는지, '위안소'에서 얼마나 비참한
생활을 했는지 등을 배우게 된다. 시청 후 학생들은 소그룹으로 나뉘어서
비디오를 보고 느낀 점을 나눈다.

(주의 : 주제의 특성상 비디오에 적나라한 성적인 표현이 포함될 수 있다. 교사
가 이런 점을 고려해서 미리 주의를 주고 선별적으로 사용할 것을 권한다.)

- 참고자료 : 역사적 배경에 대한 파워포인트 강의 자료
- 비디오 A. Her Story(소녀이야기) : 피해자 정서운 할머니의 이야기로 만든 애니메이션
- 비디오 B. In the Name of the Emperor : 전쟁 중 일본군의 상황과 심리를 다룬 다큐멘터
  리. 전 일본 군인들의 증언이 포함됨.
- 비디오 C. Comfort Women Wanted : 재미한인 예술가 이창진이 제작한 비디오 작품으
  로, 여러 나라 '위안부' 피해자 할머니들의 노래와 이야기를 육성으로 담았다.

✚ 추가 활동

다음의 토론 질문을 추가로 활용할 수 있다 :

• 피해 여성들이 피해를 입을 만한 일을 했는가? 왜 그렇게 생각하는가?

• 생존자들은 집에 돌아온 후에 어떤 어려움을 겪었을까?

• 생존자들은 왜 오랜 시간 동안 피해를 알리지 않고 침묵을 지켰을까?

• 오늘날에도 성폭력 피해자들이 피해에 대해 수치심과 사회적 낙인과
   같은 이차적 고통을 겪는가?

[두번째 수업]

'위안부' 문제는 왜 여전히 현재 진행형일까? 피해자들의 주장은 어떻게
받아들여지고 있는가?

두 번째 수업을 통해 학생들은 성노예제가 피해자들에게 미치는 영향에
대해서 배운다. 특히 오늘날 역사를 부정하려는 이들의 주장 때문에 피해
자들이 여전히 이중 삼중의 고통을 겪는 현실에 대해서 토론하고, 이 문제
가 왜 여전히 진행형인지 아래 제시된 활동을 통해 익힌다.

단계 1. 위안부 문제의 현안 알기

교사는 필요에 따라 파워포인트 강의 자료의 '현재의 문제' 부분을 활용
하여 강의한다. 현재 일본 정부의 입장과 '위안부' 운동이 주장하는 바에
대해서 설명한다.

단계 2. 그룹 활동

다음 과제 1, 2 중 하나를 택하여 학생들이 그룹 활동을 한다.

과제 1. 신문 칼럼 읽고 토론하기

학생들은 뉴욕타임즈에 실린 민디 코틀러의 칼럼(참고자료 A, 혹은 비슷한 취지의 다른 글)을 읽고 중요하다고 생각하는 다섯 문장을 밑줄을 쳐 표시하고 각 문장이 중요하다고 생각한 이유를 적는다. 그리고 이 문제에 대해 더 알고 싶은 자신의 질문 세 가지를 적는다. 학생들은 소그룹으로 나누어 각자 작성한 질문에 대해 의견을 나누고 토론한다. 시간이 허용되면 다른 글이나 비디오를 참고로 할 수 있다(참고자료 B~G). 학생들은 토론과 질문 내용을 기록해 두었다가 마지막 시간 에세이 쓰기에 활용할 수 있다.

- 참고자료 A : "The Comfort Women and Japan's War on Truth"(by Mindy Kotler, 뉴욕타임즈, 2014.11.14.) - '위안부'에 대한 일본 아베 정부의 입장을 설명한 기고문
- 참고자료 B : "An Uncomfortable Legacy"(by Alexis Dudden, The Indian Express, 2016.1.14.) - 2015 한일합의와 여파에 대한 역사학자 알렉시스 더든의 기고문
- 참고자료 C : "Why This Statue of a Young Girl Caused a Diplomatic Incident"(CNN, 2017.2.10.) - 활동가들의 입장에 대한 기사
- 참고자료 D : 워싱턴지역정신대문제대책위원회(WCCW) 공식 입장문 - 미국 내 시민 단체의 입장
- 참고자료 E : Japan's Stance on 'Comfort Women' Issue Violates Victims' Rights(UN 웹사이트) - 유엔의 공식 입장
- 참고자료 F : Recommendations on the "Comfort Women" issue(7-8쪽), 유엔 여성차별철폐위원회(CEDAW) 보고서, 2016.
- 참고자료 G : Asian American Life - 2015 한일합의에 대한 생존자들의 반응을 담은 비디오.

과제 2. '위안부' 결의안 모의 청문회

학생들은 미 연방하원의 '위안부' 결의안에 대한 모의 청문회를 연다. 학생들을 소그룹으로 나누고 그룹마다 맡을 역할을 정한다. 1) 생존자(학생 숫자에 따라 1~2명), 2) 결의안을 제안하고 찬성하는 하원 의원, 3) 결의안을 반대하는 하원 의원, 4) 피해자를 지원하는 시민 단체 등의 여러 역할을 설정할 수 있다. 청문회를 준비할 때 과제1에 제시된 참고자료들과 아래 증언 자료를 활용한다(자료A~K).

(＊주 : 원래의 교안은 미국 학생들을 대상으로 했으므로 미 의회 청문회 재연 활동을 제시했다. 한국의 수업에서는 가상의 대한민국 국회 청문회, 혹은 2000년 도쿄 여성국제전범법정 재연 등으로 설정하고 비슷하게 모의 청문회를 열 수 있다.)

- 참고자료 H : 미 하원의 '위안부' 결의안(2007)
- 참고자료 I : 이용수의 증언(17~23쪽, 미 하원 청문회 자료)
- 참고자료 J : 오혜련의 증언(23~28쪽, 미 하원 청문회 자료)
- 참고자료 K : 중국 생존자의 증언, Ms. Zhou Fenying, Chinese Comfort Women(2013) (89~93쪽)

✚ 추가 활동

다음의 토론 질문을 추가로 활용할 수 있다 :

- 왜 '위안부' 문제는 아직도 진행형인 이슈일까?
- '위안부' 생존자들에게 가장 중요한 문제 해결의 요소는 무엇이라고 생각하는가?
- '위안부' 문제에 대한 서로 다른 시각에 대해 설명해 보자.

• 생존자들이 일본 정부의 공식 사과를 받지 못했기 때문에 '위안부' 운동은 실패했다고 말할 수 있을까? 그렇게 생각하는 이유는 무엇인가?

[세 번째 수업]

단계 1. 오늘날의 문제와 연결시키기

'위안부' 역사가 지금 우리에게 무슨 연관이 있을까? 계속해서 일어나는 여성에 대한 제도적인 성범죄를 어떻게 막을 수 있을까?

학생들은 '위안부' 피해자들의 정의가 회복된다는 것이 어떤 의미인지 이해하고 그들의 문제가 공식적으로 인정받고 보상받는 것이 왜 중요한지를 배운다. 그룹별로 학생들은 '위안부' 생존자들의 정의 회복과 현재의 성범죄를 방지하는 일을 돕는 프로젝트를 기획한다. 프로젝트를 구상할 때 두 번째 수업에 제시된 참고자료들을 활용할 수 있다. 프로젝트는 학생들이 자유롭고 창의적으로 고안하도록 하며, 다음의 예시를 참고로 할 수 있다.

예시 1) 이야기책 혹은 연표 만들기

'위안부' 생존자의 삶을 그들의 관점에서 눈에 보이는 이미지로 구성한다. 피해 당사자들의 전쟁 중 경험과 현재 정의를 위한 투쟁의 모습을 모두 담을 수 있으면 좋다. 무료 온라인책 만들기 사이트, 그래픽 만들기 사이트 등을 활용한다.

예시 2) 책자, 전단지, 포스터 만들기

'위안부' 문제를 잘 모르는 사람들에게 알리는 교육 및 홍보자료를 제작한다. 과거나 현재의 인신매매, 여성에 대한 전쟁범죄의 다른 사례 등을 넣을 수 있다. 무료 온라인 전단지 만들기 사이트, 소셜미디어 등을 활용한다.

예시 3) 청원서나 편지 쓰기

'위안부' 생존자 혹은 단체들을 지지하는 내용의 편지를 작성한다. 한국, 미국, 일본, 대만, 중국, 필리핀 등 여러 곳의 시민단체를 조사해서 연락한다.

✚ 추가 활동

다음의 토론 질문을 추가로 활용할 수 있다 :

• 어떻게 '위안부' 제도와 같은 반인륜적인 범죄가 다시 일어나는 것을 막을 수 있을까? 이런 범죄를 예방하는 일은 어디에서부터 시작되어야 할까?

• '위안부' 피해자들에게 일어난 일이 오늘날에도 일어날 수 있을까? 그렇게 생각하는 이유는 무엇인가?

단계 2. 요약 과제 – 에세이 쓰기

이제까지 학생들은 일본군 '위안부' 제도가 개인의 삶에 끼친 영향, 그 제도 고안과 운영에 일본 당국이 어떻게 개입했는지, 그리고 이 문제에 대한 어떤 다양한 관점이 있는지를 배웠다. 수업을 마무리하면서 학생들은 주제 질문, "'위안부'는 누구이며 그들의 정의를 위한 투쟁을 아는 것이 왜 중요한가?"에 대해 자기 나름의 답(주장과 근거)을 글로 쓴다. 수업 중에 에세

이를 쓰거나 과제로 제출할 수 있다. 학생들의 의견은 다양하게 나올 수 있는데, 다음의 주장을 참고로 할 수 있다.

- '위안부' 범죄가 80여 년 전에 일어났고 대부분의 피해자는 이미 사망했지만 이 사건은 충분히 인정받아야 한다.
- '위안부' 문제에 대해 배우는 것은 미래에 비슷한 종류의 범죄가 일어나는 것을 막기 위해 중요하다. 젊은 세대에게 반인륜 범죄를 교육하는 일은 중요하다.
- 제2차 세계대전 및 전후에도 계속된 피해자들의 고통에 대해 공식적이고 진정한 사과, 적절한 배상이 이루어져야 한다. 그런 조치가 있어야만 피해자와 가족들의 인권이 회복될 수 있다. 이 문제를 배움으로써 우리는 그들이 정의를 회복하는 것을 도울 수 있다.
- '위안부'는 우리가 기억해야 할 중요한 역사인데, '위안부' 제도의 잔학성 때문만이 아니라 생존자들이 계속해 온 투쟁 때문이기도 하다. 그들의 투쟁으로 인해서 우리가 전쟁과 여성에 대한 범죄를 바라보는 시각에도 변화가 있었다.
- 시민사회는 반인륜 범죄를 기억하고, 피해자들의 목소리에 귀 기울이며, 그들의 인권을 보호해야 할 도덕적 의무가 있다. 홀로코스트와 마찬가지로 '위안부' 범죄는 왜 우리가 인권을 보호해야 하는지를 보여주는 강력한 사례이다.

단계 3. 부가 활동 – 배운 내용을 바탕으로 행동하기

학생들은 오늘날 일어나는 인신매매에 대해 조사하고, 조사 결과와 당장 행동할 수 있는 방법에 대한 글을 작성한다. 구체적인 근거를 바탕으로 정보를 알리는 글이 될 것이다. 학생들은 성착취 및 인신매매 피해자를 돕는 시민 단체에 연락해 보고 피해자들을 돕거나 앞으로의 피해를 막기 위해 도울 수 있는 방법을 모색할 수 있다.

✚ 추가 활동

다음의 토론 질문을 추가로 활용할 수 있다 :

• '위안부' 문제는 왜 사회 정의의 문제인가? 이 문제는 우리와 어떤 연관이 있는가?

• '위안부' 문제를 오늘날 인신매매 및 성폭력 문제와 어떻게 비교할 수 있는가?

이 책에서 참고 · 인용한 자료와 연구 목록

일차 자료

- 국사편찬위원회, 일본군 '위안부' 전쟁범죄 자료집 원문과 해제 http://db.history. go.kr

- 동북아역사재단 일본군 '위안부' 자료목록과 해제, 피해자 증언 http://contents. nahf.or.kr

- 서울기록원 일본군 '위안부' 컬렉션 자료목록, 원문, 해제 https://archives.seoul. go.kr

- 여성가족부 편, 일본군 '위안부' 피해자 구술자료 재정리 자료집(2016. 12)

- 여성가족부 일본군'위안부' 피해자 e-역사관(증언자료), http://www. hermuseum.go.kr/main/PageLink.do

- 일본군'위안부'문제연구소 아카이브814, https://www.archive814.or.kr/

- 정의기억연대, 피해자 증언자료 www.womenandwar.net

- National Japanese American Historical Society Digital Archives 웹사이트 https://njahs.org

- WAM(Women's Active Museum on War and Peace) 일본군 자료목록과 원문 http://wam-peace.org

인터뷰

- 후쿠다 미치코와의 서면 인터뷰(2020.11.4.), 화상 인터뷰(2020.11.11.).
- 사와다 마사노부와의 서면 인터뷰(2020.11.1.), 화상 인터뷰(2020.11.10.).
- 샤론 카부사오-실바(Sharon Cabusao-Silva, 릴라 필리피나의 소장)와의 서면 인터뷰(2020.11.3.), 화상 인터뷰(2020.11.16.).
- 스티븐 카발로와의 서면 인터뷰(2021.8.27.).
- 김현정 CARE 대표와의 서면 인터뷰(2020.12.9.), 전화 인터뷰(2020.12.11.).
- 김아람 한림대 교수와의 서면 인터뷰(2020.12.11.).

언론보도 : 신문/잡지/TV

- 뉴스데스크(MBC)
- 뉴스타파 목격자들
- 세계일보
- 아시아경제
- 연합뉴스
- 유네스코 칼럼
- 이대학보
- 중앙일보
- 채널A
- 통일뉴스
- 한겨레신문
- 한국경제
- Glendale News Press
- The Guardian
- History News(history.com)
- Japan Times

- New York Times
- NJ.com
- NPR
- Rewire News Group
- Scientia
- Voice of NY
- Wall Street Journal
- Washington Post

시민 단체 웹사이트

- 나눔의 집 www.nanum.org
- 쇼와 재단 https://sfi.usc.edu/dit.
- 아시아여성 국민기금 https://awf.or.jp
- 일본군위안부 연구소 www.stop.or.kr
- 정의기억연대 www.womenandwar.net
- CARE(배상과 교육을 위한 위안부 행동) www.comfortwomenaction.org
- "Comfort Women" Justice Coalition remembercomfortwomen.org
- Lila Pilipina(릴라 필리피나) www.movementforthelolas.wordpress.com
- WAM www.wam-peace.org
- WCCW(워싱턴정신대문제대책위원회) www.comfort-women.org

국제기구 / 정부 / 의회 자료

- 대한민국 외교부 웹사이트
- 일본 외무성 웹사이트
- California Department of Education, History Social Science Framework for

California Public Schools(Sacramento, 2017)

- Gay J. McDougall, "Systematic Rape, Sexual Slavery and Slavery-like Practices during Armed Conflict: Final Report," UN Commission on Human Rights(June 22, 1998).

- H.Res.121, https://www.congress.gov/bill/110th-congress/house-resolution/121

- The New York State Senate, "Legislative Resolution honoring the Harriet and Kenneth Kupferberg Holocaust Resource Center and Archives at Queensborough Community College, and Korean American Civic Empowerment for their devoted work on behalf of Comfort Women"(June 11, 2013).

- U.S. 110th Congress, "Protecting the Human Rights of Comfort Women, Hearing before the Subcommittee on Asia, the Pacific, and the Global Environment of the Committee on Foreign Affairs House of Representatives, 110th Congress"(February 15, 2007), U.S. Government Printing Office, 2007

- United Nations, Commission on Human Rights, "Report of the Special Rapporteur on violence against women, its causes and consequences, Ms. Radhika Coomaraswamy, in accordance with Commission on Human Rights resolution 1994/45: Report on the mission to the Democratic People's Republic of Korea, the Republic of Korea and Japan on the issue of military sexual slavery in wartime"(January 4, 1996)

- United Nations, Committee Against Torture, Observation on "Victims of Military Sexual Slavery," CAT/C/JPN/CO/1, 2013

- United Nations, Human Rights Committee on the International Covenant on Civil and Political Rights(CCPR), "Concluding Observations on the Sixth Periodic Report of Japan," CCPR/C/JPN/CO/6(August 20, 2014).

■ United Nations, "Universal Declaration of Human Rights," https://www.
un.org/en/universal-declaration-human-rights/

연구논문 / 저서

■ 강정숙, "역사용어 바로 쓰기 : '위안부', 정신대, 공창, 성노예," 역사비평(2006. 2)

■ 공준환, "연합군 자료를 통해 본 버마의 일본군'위안부' 제도," 동북아역사논총
66(2019. 12)

■ 김동엽, "필리핀에서의 '위안부' 문제와 사회적 인식," 결 – 일본군'위안부'문제연
구소 웹진(2019. 7. 12)

■ 김윤심 외, 부끄러운 건 우리가 아니고 너희다 : 전 일본군 '위안부' 할머니의 수기(
작은 책, 1998)

■ 김정란, "일본군'위안부' 운동의 전개와 문제인식에 대한 연구 : 정대협의 활동을
중심으로," 이화여자대학교 여성학과 박사학위논문(2004)

■ 김정현, "한중일의 일본군 '위안부' 기록물 발굴 성과와 과제 – 역사수정주의와
보편적 인권의 길항," 한일관계사연구 69(2020.8.)

■ 김지민, "미국 시민사회의 일본군'위안부'문제 인식과 램지어 논문을 둘러싼 논
란," 역사비평 135(2021)

■ 김창록 외, 2015 '위안부'합의 이대로는 안된다(경인문화사, 2016)

■ 김창록, "'램지어 사태' – 일본군'위안부' 부정론의 추가 사례," 역사비평
135(2021)

■ 문소정, "행동하는 자료관 'WAM'과 일본군 '위안부'의 기억정치학," 동북아문화
연구 50(2017)

■ 박정애, "피해실태를 통해 본 일본군 '위안부'의 개념과 범주 시론," 사학연구 120
호(2015).

■ 송규진, "일본군의 '위안소' 설립과 조선 여성의 일본군 '위안부' 강제동원," 아세
아연구 62(4)(2019.12.)

■ 신혜수, "일본군위안부문제 해결을 위한 국제활동의 성과와 과제," 한국정신대문
제대책협의회 편, 일본군위안부 문제의 진상(역사비평사, 1997)

- 양현아, "'위안부' 문제 합의에서 피해자는 어디에 있(었)나," 민주법학 60(2016)

- 요시미 요시아키, 남상구 역, 일본군'위안부' 그 역사의 진실(역사공간, 2014),

- 요시미 요시아키, 이규태 역, 일본군 군대위안부(소화, 1998)

- 윤명숙, "중국 당안관 자료 현황과 자료 해제 – 일본군 위안부 자료를 중심으로," 동북아역사논총 59(2018.3.)

- 윤명숙, 조선인 군위안부와 일본군 위안소제도(이학사, 2015).

- 장혜원, "2015 '위안부합의'를 통해 바라본 일본군'위안부' 문제의 국제법적 의미," 이화젠더법학 10(2)(2018.8.)

- 정진성, "국제노동기구(ILO)에의 문제제기의 구조 : 강제노동조약(ILO Convention29)/전문가위원회를 통한 군위안부문제 제기," 국제·지역연구 10(1)(2001)

- 정진성, "전시하 여성침해의 보편성과 역사적 특수성," 한국여성학 19(2)(2003.8.).

- 정진성, 일본군 성노예제 : 일본군 위안부 문제의 실상과 그 해결을 위한 운동(서울대학교 출판부, 2004)

- 조윤수, 일본군'위안부,' 역사의 아픔을 함께 나누고 기억하다(동북아역사재단, 2019)

- 최재인, "나는 일본군 성노예였다 : 네덜란드 여성이 증언하는 일본군 '위안소,'" 결 – 일본군'위안부'문제연구소 웹진(2019.8.29.)

- 한국정신대문제대책협의회 2000년 일본군 성노예 전범 여성국제법정 한국위원회 증언팀, 기억으로 다시 쓰는 역사(풀빛, 2001)

- 한국정신대문제대책협의회 정신대연구회 편, 강제로 끌려간 조선인군위안부들(한울, 1993).

- 한혜인, "총동원체제하 직업소개령과 일본군 위안부 동원 : 제국 일본과 식민지 조선의 차별적 제도운영을 중심으로," 사림 46(2013)

- 황병주, "동남아시아 번역통역부 심문회보 제2호, 기존 보고서에 근거한 2차 보고서," 결 – 일본군'위안부'문제연구소 웹진(2019.10.31.), http://www.kyeol.kr/

node/195

- 황병주, "미 전시정보국 49번 보고서, 작성자의 주관적 편견이 투영된 보고서," 결 - 일본군'위안부'문제연구소 웹진(2019.10.31.)

- 황병주, "연합군번역통역부 조사보고서 제120호," 결 - 일본군'위안부'문제연구 소 웹진(2019. 7. 30)

- Arata, Catalina M., "Coping with Rape: The Roles of Prior Sexual Abuse and Attributions of Blame," Journal of Interpersonal Violence 14(1)(January 1999)

- Bazyler, Michael J., "Suing Hitler's Willing Business Partners: American Justice and Holocaust Morality," Jewish Political Studies Review 16(3-4)(Fall 2004).

- Bisland, Beverly Milner(Lee), Sunghee Shin, and Jimin Kim, "10th Grade 'Comfort Women' Inquiry"(2018), www.comfortwomeneducation.org

- Brownmiller, Susan, "Rape on the brain,"(Review of the book, A Natural History of Rape: Biological Bases of Sexual Coercion) http://www. susanbrownmiller.com/susanbrownmiller/html/review-thornhill.html

- Chai, Alice Y., "Asian-Pacific Feminist Coalition Politics: The Chongsindae / Jugunianfu('Comfort Women') Movement," Korean Studies 17(1993)

- Geddis, Arthur N., "Improving the Quality of Science Classroom Discourse on Controversial Issues," Science Education, 75(2)(1991)

- Henson, Maria Rosa, Comfort Woman, Slave of Destiny(Philippine Center for Investigative Journalism, 1996)

- Horiuchi, Lynne, Dislocations and Relocations: The Built Environments of Japanese American Internment(University of California, 2005).

- Kim-Gibson, Dai Sil, Silence Broken: Korean Comfort Women(Parkersburg, Iowa: Mid-Prairie Books, 1999)

- Lee, Jung-Sil and Dennis P. Halpin eds., Comfort Women: A Movement for Justice and Women's Rights in the United States(Carlsbad, CA: Hollym, 2020)

- McCarthy, Mary M., "US Comfort Women Memorials: Vehicles for Understanding and Change," Pacific Bulletin 275(August 12, 2014)
- Qiu, Peipei, Su Zhiliang, and Chen Lifei, Chinese Comfort Women: Testimonies from Imperial Japan's Sex Slaves(Oxford University Press, 2014)
- Ruff-O'Herne, Jan, Fifty Years of Silence: The Extraordinary Memoir of a War Rape Survivor(Random House Australia, 2011)
- Shibata, Ria, "Globalization, Politics of Historical Memory, and Enmification in Sino-Japanese Relations," in Joseph Zajda ed., Nation-building and History Education in a Global culture, Globalization, Comparative Education and Policy Research(Springer, 2015)
- Shin, Sunghee, Beverly Milner(Lee) Bisland, and Jimin Kim, "The Violation of Human Rights during Wartime: Teaching about the 'Comfort Women' of World War II and Their Search for Justice," Handbook on Teaching Social Issues, 2nd Edition(Information Age Publishing, 2021).
- Soh, Sarah C., "The Korean 'Comfort Women'," Asian Survey 36(12) (December 1996)
- Son, Elizabeth, Embodied Reckonings: "Comfort Women,"Performance, and Transpacific Redress(University of Michigan Press, 2018)
- Stetz, Margaret, "Teaching about the "Comfort System" of WWII: The Hidden Stories of Girls," in Sarah K. Danielsson ed., War and Sexual Violence: New Perspectives in a New Era(Brill, 2019)
- Tanaka, Yuki, Japan's Comfort Women: Sexual Slavery and Prostitution during World War II and the US Occupation(Routledge, 2002)
- Ullman, Sarah E., "Coping, Emotion Regulation, and Self-Blame as

Mediators of Sexual Abuse and Psychological Symptoms in Adult Sexual Assault," Journal of Child Sexual Abuse 23(2014)

- Williams, Jing and Mary Johnson, "Comfort Women: Enhancing Students' Global Awareness through Human Right Education," The Social Studies, 111(5)(2020),

- Wright, Steven, "The Civil Liberties Act of 1988," https://www.dartmouth.edu/~hist32/History/S06%20-%20Civil%20Liberties%20Act%20of%201988.htm

- Yamamoto, Eric K. and Ashley Kaiao Obrey, "Reframing Redress: A 'Social Healing Through Justice Approach to United States-Native Hawaiian and Japan-Ainu Reconciliation Initiatives," Asian American Law Journal 16(5), 2009

- Yoshiaki, Yoshimi, Comfort Women: Sexual Slavery in the Japanese Military During World War II(Columbia University Press, 2000)

- Zhao, Yali and John D. Hoge, "Countering Textbook Distortion: War Atrocities in Asia, 1937-1945," Social Education 70(7)(2006)

- "Comfort Women: Sexual Slavery in the Japanese Military during World War," Alliance for Human Research Protection(December 10, 2014), https://ahrp.org/2013-elderly-korean-comfort-women-survivors-hold-a-protest-rally-outside-the-japanese-embassy-in-seoul/

영상 자료

- Asian American Life(2016). "Comfort Women" victims speak out against the Japan-S. Korea deal," https://www.youtube.com/watch?v=mqsIaxv0Mi8&sns=em.

- Asian Social Justice Internship(2015). CUNY Queensborough. https://

youtu.be/ZK6UUryPWew

- CUNY Queensborough, "In the Face of Tyranny, I Will Not Be Silent: Comfort Women Survivors Speak," https://www.youtube.com/watch?v=JE kyxXoPdY4&t=3740s(2020.12.10. 접속).
- CUNY TV, "Best of Asian American Life"(July, 2015), CUNY TV. http://www. cuny.tv/show/asianamericanlife/PR2004297;

그녀의 일생

초판 1쇄 발행 2021년 11월 22일

지은이 ｜ 김지민

펴낸이 ｜ 박현주
책임편집 ｜ 김정화
디자인 ｜ 정보라
일러스트 ｜ 나수은
마케팅 ｜ 유인철
인쇄 ｜ 도담프린팅

펴낸 곳 ｜ (주)아이씨티컴퍼니
출판 등록 ｜ 제2021-000065호
주소 ｜ 경기도 성남시 수정구 고등로3 현대지식산업센터 830호
전화 ｜ 070-7623-7022
팩스 ｜ 02-6280-7024
이메일 ｜ book@soulhouse.co.kr
ISBN ｜ 979-11-88915-52-1 03330